Angstmän

Hartmut El Kurdi wurde 1964 in Amman geboren. Er wuchs in London und Kassel auf, studierte Kulturwissenschaften und arbeitet als Theaterregisseur und Schauspieler. El Kurdi schreibt Theaterstücke, Kolumnen (u.a. in der »taz«) und Kurzgeschichten. *Angstmän* ist sein erstes Kinderbuch. Es basiert auf dem gleichnamigen Theaterstück, das schon von vielen Kinder- und Jugendtheatern aufgeführt wurde. Als Hörspiel wurde es mit dem Deutschen Kinderhörspielpreis ausgezeichnet.

Hartmut El Kurdi

Angstmän

Mit Illustrationen von
Karsten Teich

CARLSEN

FSC
Mix
Produktgruppe aus vorbildlich bewirtschafteten Wäldern, kontrollierten Herkünften und Recyclingholz oder -fasern

Zert.-Nr. SGS-COC-1940
www.fsc.org
© 1996 Forest Stewardship Council

Sonderausgabe
Veröffentlicht im Carlsen Verlag
Juni 2009
Mai 2006 (CTB 444)
Mit freundlicher Genehmigung des Sauerländer Verlages

Umschlagbild: Karsten Teich
Umschlaggestaltung: formlabor
Corporate Design Taschenbuch: Dörte Dosse
Gesetzt aus der Sabon von Dörlemann Satz, Lemförde
Druck und Bindung: GGP Media GmbH, Pößneck
ISBN 978-3-551-35858-5
Printed in Germany

Für das furchtlose Duo –
Salimän und Wonderwillberg

Jennifer war schrecklich aufgeregt. So aufgeregt, wie man nur sein kann, wenn etwas Super-Fantastisch-Bombastisch-Extraordinäres passiert. Etwas, mit dem man grade überhaupt nicht gerechnet hat. Ein Lottogewinn zum Beispiel oder eine überraschende Einladung von Tante Karin in den Zoo mit anschließendem Eisdielenbesuch bei freier Becherwahl bis sieben Euro fünfzig. Oder dass man kurz vor dem Ende eines Fußballspiels doch noch eingewechselt wird und prompt das Siegestor zum 2:1 schießt!

Und das kam so: Jennifers Klassenkamerad Kevin hatte vor dem Anpfiff einen kompletten Sechserpack Fruchtzwerge gegessen und einen halben Liter Cola hinterhergekippt. Das war ihm, gelinde gesagt, gar nicht gut bekommen. Schon in der Halbzeit hatte er ein bisschen blass ausgesehen, es aber strikt abgelehnt, sich auswechseln zu lassen.

»Kleine Konditionsschwäche. Ich brauch nur 'ne ordentliche Stärkung!«, hatte er wichtigtuerisch gesagt, sich noch einen Schokoriegel reingestopft und diesen mit einer Tüte Bananenmilch heruntergespült. Aber dann, zwei, drei Minuten vor Ende des Spiels, war er an die Außenlinie getorkelt und hatte gejammert, er könne nicht mehr weiterspielen, er habe so ein komisches Gefühl im Bauch und überhaupt fühle er sich fürchterlich krank. Dann war er nach vorne auf seine Knie gekippt und hatte dem Trainer, Herrn Baumann, auf die Schuhe gebrochen!

Wie gelähmt starrte Baumann nach unten. Das durfte doch nicht wahr sein! Er hatte sich die weißen Sportschuhe mit den schwarzen Klettverschlüssen doch erst gestern gekauft. Verdammt teuer waren sie gewesen. Und gar nicht leicht zu bekommen, in Größe 47!

Jennifer erkannte ihre Chance: »Darf ich rein?«

»Was?«, fragte Baumann.

»Ob ich für Kevin reindarf?«

»Ist mir doch egal«, sagte Baumann ohne seinen Blick vom beschmutzten Schuhwerk abzuwenden.

Jennifer stürmte aufs Spielfeld, bekam einen Pass vom rechten Verteidiger, dribbelte an zwei gegnerischen Spielern vorbei, tunnelte den Libero, schickte den Torwart in die falsche Ecke und schob den Ball in aller Ruhe über die Torlinie. So hatte sie sich das vorgestellt: eingewechselt werden, Ball annehmen, Tor schießen! Kein Problem. Technisch perfekt und eiskalt im Abschluss.

Und dann ertönte der Schlusspfiff. Alle stürzten sich auf Jennifer, fielen ihr um den Hals und begruben sie unter sich. Und Jennifer kostete den Triumph aus. Sie wusste, jetzt würde sie der blöde Baumann nicht mehr auf der Reservebank versauern lassen können. Jetzt würde er einsehen müssen, dass Mädchen mindestens genauso gut Fußball spielen konnten wie Jungs.

Herr Baumann war nämlich der Meinung, dass Mädchen lieber Volleyball spielen sollten. Jennifers Mutter hatte erst zur Direktorin gehen müssen, um durchzusetzen, dass Jennifer mit den Jungs in der Klassenmannschaft trainieren durfte. Herr Baumann hatte zunächst gesagt, er trainiere die Klassenmannschaft schließlich nachmittags, in seiner Freizeit, da könne er machen, was er wolle, aber nachdem ihn die Direktorin mit einem scharfen »Baumann!« und einem deutlichen Augenbrauenzucken zur Aussprache ins Nebenzimmer gebeten hatte, änderte er seine Meinung. Als die beiden zu-

rückkamen, hatte Herr Baumann ketchuprote Ohren und seine Halsschlagader puckerte und war so dick wie ein Gartenschlauch. Er versuchte allerdings so zu tun, als sei nichts gewesen.
»Ich hab's mir noch mal überlegt«, sagte er mit leicht gequetschter Stimme. »Jennifer soll erst mal am Training teilnehmen, und dann schauen wir weiter.«
Aber obwohl Jennifer im Training immer zu den Besten gehörte, war sie noch nie bei einem richtigen Spiel aufgestellt worden. Fünf Spiele hatte sie auf der Reservebank gesessen. Und jetzt schoss sie gleich beim ersten Einsatz ein Tor!
»Ätsch!«, dachte Jennifer.
»Ob ich die Schuhe wohl in die Waschmaschine stecken kann?«, dachte Herr Baumann.
Nach dem Spiel hatte Bennys Mutter alle Kinder zu einer kleinen Siegesfeier eingeladen. Alle außer Kevin, der war von seinem Vater abgeholt worden. Benny wohnte direkt neben der Schule. Seine Eltern hatten ein Haus mit einem Partykeller, in dem ein Kicker und eine Tischtennisplatte standen. Die Jungs und Jennifer feierten ihren Sieg mit Cola und viel zu wenig Schokoküssen. Danach fuhr Bennys Mutter die Kinder, die nicht abgeholt wurden, nach

Hause. Als Jennifer aus dem Auto stieg, war es schon fast dunkel. Sie klingelte.
»Los, Mama, mach schon auf«, sagte sie halblaut, während sie sich mit dem Rücken gegen die Haustür stemmte. Der Türöffner brummte wie eine wütende Hummel, die Tür gab nach, Jennifer stolperte rückwärts in den Hausflur und landete auf ihrem Hintern.
»Aua«, sagte Jennifer.
»Wer is'n da?«, hörte sie Herrn Wagenberg durchs Treppenhaus brüllen.
»O nein, nicht schon wieder«, dachte Jennifer. Das passierte ihr nämlich öfter, wenn sie aufgeregt war. Dann rutschte ihr Finger schon mal auf die Klingel von Herrn Wagenberg, der direkt unter ihnen wohnte und ein ziemlicher Stinkstiefel war. Jennifers Mutter behauptete sogar, das sei sein Vorname. Auf dem Briefkasten stand nämlich »S. Wagenberg«: »S.« für »Stinkstiefel«. Aber Jennifer wusste, dass das »S.« »Siegfried« bedeutete – das hatte sie mal auf einer Postkarte gelesen, die aus Wagenbergs Briefkasten herausgefallen war: »An Herrn Siegfried Wagenberg, Bäumlerstr. 15«. »Stinkstiefel« passte aber auch ganz gut.
Jennifer rappelte sich auf, rannte die Treppe hoch

und nuschelte »'tschuldigung«, als sie an dem übellaunigen Nachbarn vorbeistürzte. Der grunzte nur irgendetwas Unfreundliches und donnerte seine Tür zu.
Als Jennifer im dritten Stock angekommen war, musste sie ganz schön keuchen. Kevin war anscheinend nicht der Einzige mit einer »Konditionsschwäche«. Daran würde sie arbeiten müssen. Jetzt, wo Baumann ihr einen Stammplatz in der Mannschaft nicht mehr verweigern konnte. Sie klingelte an der Wohnungstür.
Nichts passierte.
Nur das Treppenhauslicht ging aus. Sie schaltete es schnell wieder an und klingelte ein zweites Mal. Wieder nichts.
»Vielleicht ist sie auf'm Klo«, dachte Jennifer und zog ihren Schlüssel, den sie an einem Band um den Hals trug, aus dem Pullover. Normalerweise benutzte sie den nie, wenn sie wusste, dass ihre Mutter zu Hause war. Wenn ihre Mutter zu Hause war, sollte sie ihr die Tür gefälligst aufmachen und sie freudig willkommen heißen. Manchmal träumte Jennifer davon, mit einem langen roten Teppich, strammstehenden Soldaten und einer Blaskapelle empfangen zu werden, wie die Politiker, wenn sie zu

einem Staatsbesuch in ein anderes Land fuhren, nach Schweden zum Beispiel oder Bulgarien. Aber ein »Hallo, Jennifer-Schatz, schön, dass du da bist, es gibt Kartoffelpuffer mit Apfelmus« reichte ihr eigentlich auch schon.

Leider passierte das nicht allzu häufig, weil Jennifers Mutter als Krankenschwester eigentlich ständig weg war. Zumindest kam es Jennifer so vor: Mal musste sie von morgens bis nachmittags, mal von nachmittags bis abends arbeiten; nur von der Nachtschicht war sie befreit, weil sie Jennifer nachts ja nicht alleine lassen konnte.

Jennifer schloss die Tür auf, das Licht in der Wohnung brannte – aha, alles klar, ihre Mutter war wohl wirklich nur auf dem Klo. Jennifer ließ ihre Sporttasche fallen und rief: »Mutti? Wir haben gewonnen: 2:1! Ich hab das zweite Tor geschossen. Baumann musste mich einwechseln, weil Kevin wieder gebrochen hat … Hallo?«

Keine Reaktion.

»Mama?«

Stille. Nichts. Keine Antwort.

Jennifer überlegte – und bekam einen Schreck. »Bitte nicht! Nicht wieder auf dem Klo ohnmächtig geworden sein!«

Sie rannte zur Badezimmertür.
Ihre Mutter hatte nämlich gelegentliche Kreislaufprobleme und war schon zweimal im Badezimmer umgekippt. Beim letzten Mal war sie mit dem Kopf auf den Wannenrand geknallt und hatte sich eine Platzwunde zugezogen. Jennifer atmete tief durch. Wie war die Nummer vom Rettungsdienst? 112? Oder 110? Egal, sie drückte mit leicht zitternder Hand auf die Türklinke – nicht abgesperrt! Die Tür öffnete sich und Jennifer sah – nichts! Das Badezimmer war leer.
»Gott sei Dank!«, dachte Jennifer im ersten Moment. Im zweiten Moment fragte sie sich: »Wenn sie nicht im Badezimmer ist, wo ist sie dann?«
Sie rannte in das Schlafzimmer ihrer Mutter, in ihr eigenes Zimmer, in die Küche, zurück ins Wohnzimmer ...
Nichts, keine Mutter, nicht mal die *Spur* einer Mutter!

Jennifer wurde übel. Ihr wurde immer übel, wenn sie Angst bekam. »Was mach ich jetzt bloß?«, dachte sie. »Hoffentlich ist ihr nix passiert ... Papa! Ich ruf Papa an!«
Sie ging zum Telefon, nahm den Hörer ab und

wählte. Erst die Vorwahl – ihr Vater wohnte neuerdings in einer anderen Stadt, in München. Plötzlich sah sie das rote Licht des Anrufbeantworters blinken. Das bedeutete, dass man ihn abhören musste. Entweder hatte jemand angerufen – oder ihre Mutter hatte ihr eine Nachricht draufgesprochen. Das machte sie seit kurzem so. Früher hatte sie Jennifer immer kleine Zettel geschrieben:

»Liebe Jennifer, kauf bitte noch eine Tüte Milch ein!
Kuss, Mutti«

oder

»Hallo, Jennifer, ruf bitte Oma an! Sie hat heute Geburtstag. Bis heute Abend, Mutti«

oder

»Jennifer, denk dran, dass ich heute eine Stunde später komme, weil ich noch zum Zahnarzt muss! Du kannst dir eine Dose Ravioli heiß machen. Aber vergiss nicht, hinterher den Herd auszustellen.
Mutti«.

Aber Jennifer hatte die Zettel oft nicht gefunden. Entweder lagen sie auf dem Wohnzimmertisch und sie hatte beim Reinkommen ihre Jacke drübergeworfen, oder sie lagen direkt vor der Tür und Jennifer war mit ihren nassen Schuhen draufgetreten,

hatte die Schuhe dann ausgezogen und sich am nächsten Tag darüber gewundert, was da für ein Papiermüll unter ihrer Sohle klebte.
Deswegen hatte Jennifers Mutter die Zettel schließlich abgeschafft. Stattdessen sprach sie ihre Nachrichten jetzt auf den Anrufbeantworter. Den sollte Jennifer immer sofort abhören, wenn sie in die leere Wohnung kam. Jennifer hatte aber heute gar nicht mit einer leeren Wohnung gerechnet, sondern mit einem leckeren Abendessen und einer Mutter, die sie in den Arm nahm und ihr zum Sieg gratulierte. Warum also hätte sie auf den doofen Anrufbeantworter achten sollen? Jetzt schaltete sie ihn ein und hörte Folgendes:
»Hallo, Jennifer, ich hoffe, du hast keinen Schreck gekriegt. Ich hab extra das Licht angelassen, damit du nicht in die dunkle Wohnung kommst. Also: Es ist leider ziemlich blöd gelaufen. Das Krankenhaus hat angerufen. Auf der Station geht alles drunter und drüber, die Lernschwester hatte einen Unfall und nachher in der Nachtschicht fallen zwei Kolleginnen aus, weil sie die Grippe haben. Ich muss einspringen, die finden niemand anderen, das heißt … ich bleibe über Nacht weg. Aber dafür hab ich morgen den ganzen Tag frei. Mach dir bitte keine Sor-

gen … Abendbrot steht auf dem Tisch. Und wenn irgendwas ist, dann ruf hier im Krankenhaus an, die Nummer hast du ja … Und geh spätestens um neun ins Bett, du weißt, du schreibst in der ersten Stunde ein Diktat. Ich weck dich morgen früh, wenn ich nach Hause komme, dann können wir zusammen frühstücken. Bis morgen, ich hab dich lieb!«

Wie bitte? Hatte ihre Mutter grade gesagt, dass sie die ganze Nacht nicht nach Hause käme? Jennifer wurde noch übler. Sie wollte grade den Anrufbeantworter ausschalten, als ihre Mutter weiterredete: »Ach, und wenn dein Vater anruft, dann sag ihm nicht, dass ich nicht da bin. Sag ihm ... sag ihm, ich bin grade im Bad oder auf'm Klo. Sonst regt er sich wieder auf. Also, mach keinen Quatsch. Und du brauchst wirklich keine Angst zu haben! Du bist doch ein großes Mädchen.«
Und dann sagte der AB noch wie immer mit seiner eigenen quäkenden Computerstimme, die klang, als hätte sich ein sehr kleiner, schlecht gelaunter Zwerg eine Wäscheklammer auf die Nase geklemmt: »Ende der Nachrichten!«
»Ganz ruhig ...«, dachte Jennifer. Eigentlich dachte sie es nicht nur, sondern sagte es auch. Sie fing immer an, laut mit sich selbst zu reden, wenn sie Angst hatte. »Ganz ruhig ... Mama hat ja Recht. Ich brauche wirklich keine Angst zu haben. Und ich hab ja die Telefonnummer vom Krankenhaus. Ich kann Mama jederzeit anrufen.«

Sie setzte sich aufs Sofa.
»Ich habe keine Angst, ich habe keine Angst, ich habe keine Angst …«, sprach sie sich Mut zu. »Aber wieso ist mir dann immer noch übel?« Sie sah den Teller mit den belegten Broten und das Glas Milch auf dem Couchtisch. »Wahrscheinlich hab ich Hunger«, dachte sie. Sie nahm eins der Brote

und roch daran. »Iiiihhhh, Leberwurst!« Ihre Mutter wusste doch, dass sie keine Leberwurst mochte. Zumindest keine grobe. Die mit den widerlichen dicken Fettplocken. Sie nippte am Glas. »Bäh!« Lauwarme Milch! Da konnte man ja gleich Quarkwasser trinken. Sie nahm Teller und Glas und stellte beides auf den Esstisch. Möglichst weit weg.
Sie war beleidigt. Da hatte sie mal was Tolles zu berichten, und dann war ihre Mutter nicht zu Hause und stellte ihr auch noch ungenießbare Nahrungsmittel hin. Klasse!
Sie ließ sich auf den Sessel plumpsen. Irgendetwas zwickte sie am Rücken. Sie stand auf und schaute nach. Auf dem Sessel lagen ihre Barbiepuppe und eine Actionfigur: Powermän. Den hatte sie von ihrem Vater zu ihrem letzten Geburtstag bekommen. Powermän sah ziemlich fies aus. Fies und gemein. Wenn ihre Mutter jetzt zur Tür hereinkäme, dann würde Jennifer auch fies und gemein sein. Zumindest stellte sie sich das so vor. Sie fing an, mit den Puppen zu spielen: die Barbiepuppe war ihre Mutter und Powermän war Jennifer.
»Jennifer, ich muss heute leider für eine Kollegin einspringen, dafür hast du doch Verständnis, oder?«, ließ sie die Mutter-Barbiepuppe sagen.

»Na klar, ich hab ja für alles Verständnis«, antwortete Jennifer-Powermän.

»Hä?« Jennifer schaute die Powermän-Figur überrascht an. »Du sollst doch fies und gemein sein!«

»Kann ich aber nicht«, antwortete Powermän.

»Und wieso nicht?«, fragte Jennifer.

»Weil ich traurig bin und Angst habe«, sagte Powermän leise.

Noch nicht mal auf fiese Superhelden war heute Verlass! »Feigling!«, rief Jennifer und warf erst Powermän und dann die Barbiepuppe quer durchs Zimmer.

Gut, dann würde sie eben selbst zur Tat schreiten. Sie brauchte ja nicht wirklich fies und gemein zu sein. Aber ein bisschen Rache war schon fällig! Vielleicht könnte sie ja etwas kaputtmachen. Oder irgendwas verstecken. Oder einfach etwas Verbotenes tun.

»Ja natürlich«, dachte Jennifer, »das ist es!« Warum war sie da nicht früher draufgekommen? Die ganze Situation roch doch danach! Das hier war ein eindeutiger Fall für: DIE LISTE!

Jennifer rannte zu ihrer Schultasche und holte ein kleines Oktavheft heraus, auf das sie in Großbuchstaben »Jennifer Vanessa Mann – privat und supergeheim« geschrieben hatte. Sie setzte sich aufs Sofa, schlug das Heft auf und las:

LISTE ALLER SACHEN,
DIE ICH GERNE MAL MACHEN WÜRDE,
DIE MIR MUTTI ABER IMMER VERBIETET!

1) MIT SCHUHEN AUFS SOFA LEGEN!

2) PIZZA BESTELLEN, OHNE VORHER UM ERLAUBNIS ZU FRAGEN!

3) DAS BLÖDE FOTO VON MEINER EINSCHULUNG ABHÄNGEN!

4) MEINE GEBURTSTAGSKERZE ANZÜNDEN, OHNE DASS ICH GEBURTSTAG HABE!

5) ALLE ELEKTRISCHEN GERÄTE ANSCHALTEN UND KUCKEN, WIE LANGE ES DAUERT, BIS DIE HAUPTSICHERUNG RAUSFLIEGT!

6) STUNDENLANG FERNSEHEN UND DANN UNGEZAHNPUTZT, UNGEWASCHEN, MIT EINER CHIPSTÜTE IN DER HAND AUF DEM WOHNZIMMERSOFA EINSCHLAFEN!

Jennifer führte diese Liste seit ungefähr einem Jahr und erneuerte und korrigierte sie ständig. Mal fiel etwas weg, mal kam etwas dazu. Und hin und wieder – sehr, sehr selten – suchte sich Jennifer eine der verbotenen »Sachen« heraus – und machte sie! Ganz heimlich natürlich, ohne dass ihre Mutter etwas merkte. Aber heute würde sie ALLES machen! Eins nach dem anderen. Das hatte sich ihre Mutter selbst eingebrockt!
Punkt 1 war bereits erledigt – Jennifer schaute sich zufrieden ihre Liegeposition an: Sie hatte nicht nur Schuhe an, sie trug sogar Fußballschuhe! Schmutzige, dreckklumpige, grasrestige, stollenverklebte Fußballschuhe! »Dafür müsste ich eigentlich einen Sonderpunkt bekommen«, dachte sie.
Punkt 2 war eine etwas größere Herausforderung. Jennifer ging zum Telefontischchen, nahm den Prospekt von »Pizza Flizza – Kaum aufgelegt – Schon da!« aus der Schublade, wählte und landete erst mal in einer Warteschleife: »Oooh, Pizza Flizza, die leckerste Pizza von hier bis Nizza, oooh, Pizza Flizza«, sang da eine Frau zur Melodie von »O sole mio«. Jennifer fand das zwar ein bisschen albern, aber eigentlich auch ganz hübsch, wenn es nur nicht so lange gedauert und sich nicht ständig

wiederholt hätte. Sie wollte grade auflegen, da meldete sich eine lustige Männerstimme.
»Pizza Flizza, buona sera, einen wunderrrrschönen guten Abend, mein Name ist Enrico und was kann ich fürrr Sie tun?«, sagte die Stimme und rollte dabei das »Rrrrrrr« wie der Italiener aus dieser Spaghettiwerbung, die Jennifer aus dem Fernsehen kannte.
»Äh ja, guten Abend«, antwortete Jennifer, »ich möchte eine Pizza bestellen, und zwar …«
»Momentemal!«, sagte Enrico. Irgendetwas schien ihm nicht zu passen. »Sag mal, meine kleine Bambina. Wie alt bist du denn?«
Jennifer stutzte. Wieso wollte der denn wissen, wie alt sie war?
»Ich bin acht, fast schon neun«, sagte sie vorsichtig.
»Aaah, dann es tut mir Leid, dann kannst du nix bestellen bei Pizza Flizza! Kinder dürfen grundsätzlich nix bestellen bei Pizza Flizza«, sagte Enrico.
»Wieso dürfen Kinder denn nix bestellen?«, fragte Jennifer empört.
»Weil, weißt du, manschmal Kinder sind allein zu Hause, und dann ist ihnen langweilig, oder sie wollen ihre Eltern ärgern, und dann bestellen sie ein-

fach eine Pizza, haben aber gar kein Geld, um zu bezahlen …«, versuchte Enrico zu erklären; da hatte Jennifer eine Idee und unterbrach ihn: »Ach so, deswegen. Ich bin aber gar nicht allein zu Hause. Moment, ich hol schnell mal meine Mutter. Muttiiii … Mamaaa … Kommst du mal?«, brüllte sie in Richtung Badezimmer, obwohl da ja niemand war.
Sie wartete einen Moment, legte dann ihr Kinn auf die Brust, damit ihre Stimme tiefer klang, räusperte sich und sagte: »Ja, guten Abend, hier ist Frau Mann.«
Jennifer hielt die Luft an. Ob Enrico ihr die erwachsene Frau abnehmen würde?
»Ich bin Jennifers Mutter«, versuchte sie es noch einmal. Sicherheitshalber hustete sie zweimal kurz ins Telefon. »Entschuldigung, ich bin ein bisschen erkältet. Was gibt's denn für Probleme?«
»Ach so«, sagte Enrico nach einer kurzen Pause. »Wenn Sie die Mama von die Mädchen sind, dann ist alles in Ordnung. Was für eine Pizza darf's denn sein?«
Jennifer hatte es geschafft. Enrico glaubte anscheinend wirklich, dass er mit ihrer Mutter sprach.
»Jennifer? Sagst du dem Mann mal, was für eine Pizza du möchtest«, rief Jennifer mit ihrer Mutter-

stimme, während sie den Hörer weghielt. Sie wartete einen Moment, nahm den Hörer in die andere Hand und antwortete dann mit unverstellter Stimme: »Ja, hallo, hier ist wieder Jennifer. Also, ich möchte gerne eine Pizza Furioso Maxi mit allem!«

»Pizza Furioso Maxi! Alles klar. Normal Formaggio oder extra Formaggio?«, fragte Enrico.

»Was?«, erschrak Jennifer. »Formaggio?« Sie wusste gar nicht, was »Formaggio« war. Aber »extra« klang gut. Also sagte sie: »Mit extra, aber ganz viel!«

»Kein Problem«, sagte Enrico und lachte. »Mit extra, aber ganz viel Käse!« Jennifer musste Enrico noch ihre Telefonnummer und die Adresse geben, dann sagte sie »Tschüs« und er verabschiedete sich mit »Tschau, Bambina, dauert halbe, drei viertel Stunde, vielleicht auch Stunde, ist viel Geschäft heute, Tschautschau«.

Jennifer legte auf. »Der war aber eigentlich ganz schön nett«, dachte sie, »trotz der Zickerei am Anfang.« Aber so waren die Erwachsenen eben manchmal, da konnte man nichts machen. Sie legte sich wieder aufs Sofa. Puh, das war ganz schön anstrengend!

Wie lautete Punkt 3 noch mal? Sie nahm ihr Heft zur Hand. Ah ja:

DAS BLÖDE FOTO VON MEINER EINSCHULUNG ABHÄNGEN!

Weg damit und ab dafür! Darauf sah sie ja aus wie ein Baby. Mit dieser albernen Zuckertüte! Sie verstand gar nicht, was ihre Mutter daran so toll fand. Sie hatte es sogar noch vergrößern lassen und einen goldfarbenen Holzrahmen dafür gekauft.

Jennifer stieg aufs Sofa und griff nach dem Bild.

»Autsch! Menno …« Sie steckte schnell ihren rechten Zeigefinger in den Mund und lutschte daran. Das beschrubbte Foto war nicht nur pottenhässlich und peinlich, jetzt hatte es sie auch noch gebissen, zumindest fühlte es sich so an. Als sie den Finger wieder aus dem Mund nahm und untersuchte, konnte sie sehen, dass in der Kuppe ein Holzsplitter steckte. Normalerweise zog ihre Mutter ihr die Splitter ganz vorsichtig mit der Pinzette heraus, und normalerweise machte Jennifer dabei ein Riesentheater, aber heute dachte sie: »Ich bin eine künftige Stammspielerin! Ich muss das alleine schaffen! Und ich werde hart sein!«

Sie steckte den Finger wieder in den Mund und

versuchte den Splitter mit den Schneidezähnen zu fassen. Sie kam sich vor wie eine Urwaldforscherin am Orinoko, die versuchte sich eine gefährliche Schlangenbisswunde mit einem glühenden Buschmesser auszubrennen. Und tatsächlich, sie erwischte das Holzstückchen, zog es heraus und spuckte es auf den Teppich.

»Pflaster?«, überlegte Jennifer. Ach was, Kokolores, die Wunde war so klein, da reichte es, noch ein paar Mal dran zu saugen, und dann war alles wieder gut!

Jennifer war mächtig stolz auf sich: Sie hatte sich verletzt, sogar ein bisschen geblutet, aber sie hatte nicht geheult und nur ganz kurz Angst bekommen. Sie war in Hochstimmung. So, jetzt Handschuhe an und weg mit dem Einschulungsbild. Und dann weiter auf der Liste.

Punkt 4 war leicht, gradezu Pipifax:

MEINE GEBURTSTAGSKERZE ANZÜNDEN,
OHNE DASS ICH GEBURTSTAG HABE!

Dazu musste Jennifer nur die Kerze aus dem Wohnzimmerschrank und die Streichhölzer aus der Schublade nehmen – Kerze anzünden, auspusten, Kerze zurückstellen. Fertig! Sie hätte die Kerze natürlich auch etwas länger brennen lassen können, aber erstens wäre das ihrer Mutter bestimmt aufgefallen, weil Kerzen ja kleiner werden, wenn man sie lange brennen lässt, und zweitens hatte Jennifer ziemlichen Respekt vor Feuer, seit sie einmal bei dem Versuch, Pommes zu machen, fast die Küche abgefackelt hätte. Das war vor einem Jahr gewesen. Sie hatte vergessen, dass sie den Topf mit Öl auf den Herd gestellt hatte, das Öl war viel zu heiß geworden, hatte angefangen zu brennen und Jennifer war in Panik geraten. Glücklicherweise hatte sie aber dann die Nachbarin zu Hilfe gerufen, die das Feuer mit einer Decke erstickte. Die Küche roch heute immer noch etwas verkokelt, obwohl sie neu gestrichen worden war.

Jetzt war sie bei ihrer Lieblings-Verbotenen-Sache angekommen. Punkt 5 auf der Liste:

ALLE ELEKTRISCHEN GERÄTE ANSCHALTEN UND KUCKEN, WIE LANGE ES DAUERT, BIS DIE HAUPTSICHERUNG RAUSFLIEGT!

Jennifer rannte los und schaltete alle Geräte ein: Kaffeemaschine – Klick, an. Staubsauger – Klick, an. Hi-Fi-Anlage – Klick, an. Föhn, Mixer, Computer, Fernseher, Videorecorder ... Klick, Klick, Klick,

Klick, Klick – alles an. Die Geräte machten einen Höllenlärm. Jennifer wunderte sich, dass Stinkstiefel Wagenberg von unten sich nicht beschwerte, aber selbst wenn er es getan hätte – sie hätte es gar nicht hören können, so laut war es in der Wohnung. Und nach den vielen kleinen »Klicks« machte es dann einmal laut und deutlich »KLACK!«.
Die Hauptsicherung war rausgeflogen.
26 Sekunden hatte es vom Einschalten des letzten Gerätes bis zum »KLACK!« der Sicherung gedauert. Zwei Sekunden schneller als beim letzten Mal vor drei Monaten. Vielleicht hatte Jennifer auch nur genauer gemessen. Sie hatte sich nämlich zum Geburtstag eine Stoppuhr gewünscht. »Fürs Sprint-Training«, hatte sie ihrer Mutter gesagt. Das stimmte auch, aber sie hatte natürlich schon beim Wünschen daran gedacht, dass sie damit auch die Sicherungsrausfliegzeit messen konnte. Deswegen hatte sie auch auf einer beleuchteten Anzeige bestanden. Denn wenn die Hauptsicherung rausflog, fielen ja auch alle Lampen aus.
26 Sekunden, das war bestimmt Weltrekord. Jennifer überlegte grade, ob sie sich mit dieser Leistung beim »Guinness-Buch der Rekorde« bewerben sollte, da machte es noch einmal »KLACK!«.

Jennifer fiel vor Schreck die Stoppuhr aus der Hand! Das Geräusch kam nämlich nicht aus dem Sicherungskasten, und eigentlich war es auch kein »KLACK!«, sondern eher ein »PACK!«. Auf alle Fälle war es ein unbekanntes, ein unerwartetes Geräusch!
»Hallo? Ist da wer?«, fragte sie mit zittriger Stimme in die Dunkelheit. Sie nahm die Taschenlampe, die für Notfälle im Sicherungskasten hing, schaltete sie ein und leuchtete in die Richtung, aus der das Geräusch gekommen war. Sie erwartete irgendetwas Fürchterliches, einen Einbrecher, ein Monster … mindestens aber eine Kanalratte, die sich durch den Toilettenabfluss nach oben gekämpft hatte und jetzt aus Verzweiflung darüber, dass sie auf der Kloschüssel niemanden zum In-den-Po-Beißen gefunden hatte, gewaltbereit durch die Wohnung streifte.

Ach so, bloß die blöde kaputte Tür!
Jennifer atmete erleichtert auf und ging hinüber zu dem klapprigen Kleiderschrank, den ihre Mutter vor einem Monat auf dem Flohmarkt gekauft hatte. »Das ist ein echter alter Bauernschrank«, hatte sie gesagt. »Bretter rein, blau streichen, dann

können wir da das gute Geschirr reinstellen oder so …«

Aber Jennifer kannte ihre Mutter. Es würde ewig dauern, bis der Schrank zu benutzen wäre. Noch nicht einmal die Tür hatte sie bis jetzt repariert, die ging nämlich mindestens zweimal am Tag von selbst auf. Jennifer schloss sie wieder.

»So, und jetzt die Sicherung wieder rein.«

Sie drehte sich um, rutschte auf irgendetwas aus und schlug lang hin.

»Mist«, dachte Jennifer, »vielleicht sollte ich doch mal die Fußballschuhe ausziehen.« Dann sah sie den Stolperstein vor ihrer Nase liegen: ein schwarzes Kästchen mit vielen Tasten, bunten Leuchtdioden und einer kurzen Antenne. Sie hob es auf und untersuchte es im Taschenlampenlicht. Jennifer drückte auf die Tasten – nichts passierte. Es sah aus wie ein Funkgerät, ein prähistorisches Handy … oder eine Fernbedienung. Vielleicht gehörte es zu dem Schrott-Fernseher, den ihre Mutter am Wochenende heimlich neben den Sperrmüll der Nachbarn gestellt hatte. »Super, dann braucht es ja keiner mehr, dann ist es meins!«, freute sich Jennifer.

Sie legte das Ding auf den Tisch und beschloss, später irgendetwas Atemberaubend-Gefährlich-Aufregendes daraus zu basteln. Einen Spionagesender zum Beispiel. Oder eine Mondraketensteuerung. Im Moment allerdings hatte sie Dringlicheres zu erledigen. Es war immer noch dunkel im Zimmer, die Stromversorgung immer noch unterbrochen. Jennifer schaltete alle Geräte aus und dann die Hauptsicherung ein. Diese Reihenfolge war wichtig, das wusste sie seit ihrem ersten Sicherungs-Experiment. Damals hatte sie nach dem Stromausfall einfach den Schalter der Sicherung wieder hochgeschoben und daraufhin fast einen Herzinfarkt bekommen. Natürlich waren die noch angeschalteten Geräte alle gleichzeitig wieder angesprungen, hatten kurz einen Höllenlärm gemacht, dann war die Sicherung erneut rausgeflogen und es war wieder stockduster und still geworden. Sie hatte danach eine ganze Tafel Schokolade essen müssen, um sich zu beruhigen.

Als es im Zimmer wieder hell war, hob Jennifer ihre Stoppuhr vom Boden auf und prüfte, ob sie noch funktionierte. Alles in Ordnung. »Jetzt bin ich ja auch bald durch«, dachte Jennifer, als sie sah, wie spät es inzwischen war. Auf ihrer Liste stand nur noch ein Punkt:

STUNDENLANG FERNSEHEN UND DANN UNGEZAHNPUTZT, UNGEWASCHEN, MIT EINER CHIPSTÜTE IN DER HAND AUF DEM WOHNZIMMERSOFA EINSCHLAFEN!

Jennifer lächelte. Ja, das war ein würdiger Abschluss für diesen ereignisreichen Tag. Sie flitzte los und holte die Chips aus der Küche, das Eintracht-Bettzeug aus ihrem Zimmer, zog endlich die Fußballschuhe aus und warf sich aufs Sofa. Sie angelte die Fernbedienung vom Couchtisch und sagte mit ihrer Sportreporterstimme: »Jawohl, meine Damen und Herren, hier sehen Sie die unglaubliche, die fantastische, die fantastöse Jennifer Vanessa Mann, das einzige Mädchen der Welt, das 36 Fernsehkanäle auf einmal kucken kann ohne zu erblinden, sich zu übergeben oder schlagartig kriminell zu werden!«

Und dann begann sie durchzuschalten: von der Tiersendung zum Kinderkanal, vom Kinderkanal zum Sport, weiter zu den Musikvideos, zur Soap, zu den Nachrichten, zurück zur Soap, wieder zu den Nachrichten, zum türkischen Sender, zum französischen Sender, zum Teleshopping, zur Talkshow, zum Wetterbericht, zum Krimi ... MOMENT!

Was war das? Das schien spannend zu sein. Spannende Filme erkennt man an der spannenden Musik, das wusste Jennifer. Und diese Musik hier war richtig spannend. Das volle Programm: Geigen. Trompeten. Pauken. Ein ganzes Orchester. Auf dem Bildschirm rannte eine Frau durch einen dunklen Wald. Es regnete. Es blitzte. Dann sah man zwei Männer, die offensichtlich hinter der Frau her waren. Ein großer und ein kleiner. Der kleine hatte einen Koffer in der Hand. Die beiden kamen immer näher. Die Frau schrie um Hilfe. Jennifer krallte sich in ihre Bettdecke. Die Verfolger holten die Frau ein, warfen sie zu Boden und dann sagte der große zu dem kleinen Mann: »Okay, Johnny, gib mir die Kettensäge!«

»Das kann der doch nicht wirklich ernst meinen!«, dachte Jennifer.

Aber der kleine Mann holte tatsächlich eine Kettensäge aus dem Koffer, warf sie an, ließ sie kurz aufjaulen und reichte sie seinem Kumpel.

»Nee, bitte nicht!« Jennifer zog sich die Decke über den Kopf. Die Musik wurde immer lauter, die Kettensäge kreischte, die Frau kreischte und Jennifer suchte die Fernbedienung. Wo war die denn? Sie hatte sie doch grade noch in der Hand gehabt. Jennifer steckte ihre Finger in die Sofapolsterritze – nichts. Doch, da war was – iiihhh! Jennifer zog einen angegammelten Schokokeks aus dem Sofa und warf ihn auf den Tisch. Sie suchte weiter. Aus dem Fernseher brüllte der Kettensäger: »Geh weg da, Johnny, sonst spritzt dir wieder das ganze Blut aufs Hemd …«

Jennifer dachte, sie müsse sich in die Hose machen. Sie schaute unter den Tisch, unters Sofa – na endlich, da war die Fernbedienung! Sie zielte auf den Fernseher und schoss ihn aus. Sie atmete durch. Schwein gehabt. Commander Jennifer hatte mal wieder gesiegt.

Sie schaute sich um. Nein, hier gab es zum Glück keine Kettensägenfieslinge. Und damit auch keiner von draußen reinkommen konnte, stand sie auf und schloss die Wohnungstür ab. So! Jetzt brauchte sie keine Angst mehr zu haben. Hatte sie auch nicht. Nur ein bisschen …

Sie griff noch einmal in die Chipstüte. Das beruhigte.

»Schlafen gehen!«, dachte sie. »Ich sollte einfach schlafen gehen.«

Sie war sich sicher, dass es beim Einschlafen helfen würde, das Licht anzulassen und bewaffnet zu

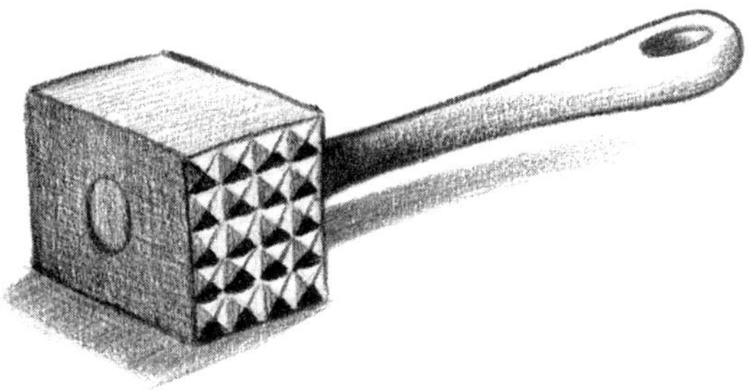

sein. Also ging sie in die Küche und nahm einen Fleischklopfer aus der Besteckschublade. Dann legte sie sich aufs Sofa, zog die Bettdecke bis unters Kinn, umklammerte mit der rechten Hand ihre tödliche Waffe und murmelte wieder: »Ich habe keine Angst, ich habe keine Angst, ich habe keine Angst ...«

Natürlich hatte sie doch Angst.
Und natürlich schlief sie nicht ein.

Je länger sie auf dem Sofa lag, desto wacher wurde sie. Und desto lauter wurden die Geräusche um sie herum: Von oben hörte sie schwere stampfende Schritte, durchs Fenster eine Krankenwagensirene. Irgendwo im Haus schrie jemand, fiel etwas um, weinte ein Baby ... Wer hatte da gehustet? Jennifer richtete sich erschrocken auf. Die Husterei schien nicht von draußen zu kommen. Jennifers Herz begann zu bollern. War vielleicht jemand im Badezimmer? Sie überlegte, ob sie nachschauen sollte. Aber falls wirklich ein Eindringling in der Wohnung war, was könnte sie dann tun? Kämpfen? Mit einem Fleischklopfer gegen einen Killer mit Axt, Kettensäge und Maschinengewehr? Nein, das hatte keinen Sinn, sie musste sich verstecken. Sie schaute sich um: Hinter dem Sessel? In der Wäschekommode? Im kaputten Bauernschrank? Ja klar, der Schrank! Sie lief hinüber und riss die Tür auf …

»Aaaaaaaaaaaaaaaaaaahhhhhhhhhhhhhhhhhhhhhh!
DA SITZT JA SCHON EINER DRIN!
UND DER SCHREIT!
Aaaaaaaaaaaaaaaaaaaahhhhhhhhhhhhhhhhhhhhhh!«

Jennifer knallte die Tür wieder zu, versteckte sich hinter dem Sofa und versuchte sich in Luft aufzulösen. Da ihr das leider nicht gelingen wollte, rannte sie zur Wohnungstür. Mist, zu! Sie griff sich an den Hals. Weg! Wo hatte sie bloß den blöden Schlüssel hingetan? Sie hatte die Tür abgeschlossen, das Schlüsselband vom Hals genommen … und dann?

Während sie hektisch danach suchte, log sie, dass sich die Dielen bogen: »Bleiben Sie nur dadrin!«, brüllte sie. »Meine Mutter kommt gleich nach Hause ... Und mein Vater ... Und mein Onkel, der ist Boxer ... Nee, Polizist! Und Boxer! Beides! Und Karateweltmeister! Und außerdem« – sie hielt den Fleischklopfer hoch –, »außerdem bin ich schwer bewaffnet!«

»Bitte nicht hauen!«, rief die Stimme aus dem Schrank.

Jennifer stutzte. »Was?«

Die Schranktür öffnete sich einen Spaltbreit und heraus schob sich ein schlotterndes, schmächtiges Wesen in einer Art Karnevalskostüm: Auf dem Kopf trug es einen Helm, der aussah wie eine halbe Wassermelone, und auf der Nase hing eine schwarze, mit Pflaster notdürftig reparierte Hornbrille auf halbmast. Den dünnen Körper hatte das Kerlchen in ein enges Trikot aus hellblauem Frotteestoff gezwängt, auf dessen Brust ein großes »A« aufgestickt war. Über dem Trikot trug es einen ausgewaschenen roten Schlüpfer, und von den Schultern baumelte ein kleiner gelber Umhang herab.

Obwohl sich Jennifer immer noch fürchtete, hätte sie fast losgekichert. Das Schrankwesen starrte auf den Fleischklopfer in Jennifers Hand und sagte mit zittriger Stimme: »Nicht hauen, bitte nicht mit dem Ding da auf den Kopf hauen!«

Jennifer ließ den Klopfer sinken. »Aber ich will dich doch überhaupt nicht hauen.«

»Und warum nicht?«, fragte das Wesen.

»Warum sollte ich denn?«, antwortete Jennifer. »Wenn *du* mich nicht haust.«

»Ich dich?« Das Wesen sah sie verwirrt an.

Jennifer überlegte. Wer oder was immer dieses ... »Etwas« war, wirklich gefährlich schien es nicht zu sein. Klar war, dass es mindestens genauso viel Angst vor Jennifer hatte wie Jennifer vor ihm. Sie fragte: »Wer bist du eigentlich? Und was machst du in unserem Schrank?«

Das Wesen hüstelte nervös. »Kennst du mich nicht?«

»Nee, ehrlich gesagt nicht«, antwortete Jennifer.

Das schlotternde Kerlchen zeigte auf das »A« auf seiner Brust und sagte: »Siehst du das? ›A‹ wie ... **ANGSTMÄN**. Ich heiße Angstmän. Ich bin ein Superheld!«

»Wie bitte?« Jennifer kannte einige Superhelden. Aus ihren Comics und aus dem Fernsehen. Aber von einem »Angstmän« hatte sie noch nie gehört.

»Und … und … wer bist du?«, fragte der komische Superheld und schaute schüchtern nach unten auf seine leuchtend gelben Gummistiefel.

»Ich heiße Jennifer. Jennifer Mann.«

Angstmän hob den Kopf und lächelte. »Jennifermän? Du bist auch ein Superheld?«

Jennifer verstand nicht sofort. Angstmän versuchte sich zu erinnern. »Jennifermän? Jennifermän? … Aus welcher Galaxie kommst du denn?«

Galaxie? Jennifer kam doch aus gar keiner Galaxie. Sie kam doch aus Braunschweig. Das sagte sie dann auch. Aber Angstmän war nicht von der Idee abzubringen, dass »Jennifermän« auch ein Superheld sei.

»Braunschweig? Ist das östlich oder westlich von Beteigeuze?«, fragte er.

Jennifer wusste zwar nicht, was er meinte, aber sie hatte das Gefühl, irgendetwas antworten zu müssen.

»Ich weiß nicht … östlich?«, schlug sie vor.

»Ach so, verstehe, da war ich noch nie.« Er schaute sich im Zimmer um. »Entschuldigung, aber hast du meinen Teleporter gesehen, der ist mir vorhin aus dem Schrank gefallen.«

»Dein was?«, fragte Jennifer.

»Mein Teleporter. Weißt du, wahrscheinlich war wieder mal der Akku leer und deswegen bin ich aus

Versehen in deinem Schrank gelandet. Eigentlich wollte ich ja woandershin. In Schränken kriege ich immer dieses doofe Asthma ... Ach, da ist er ja!« Er ging zum Tisch und nahm sich die alte Fernbedienung, über die Jennifer vorhin gestolpert war, und steckte sie in den Bund seines Superhelden-Schlüpfers. Plötzlich erstarrte er. »Was ist denn das da?« Er schnappte nach Luft und zeigte auf Jennifers Geburtstagskerze, die immer noch auf dem Tisch stand. »Los, schnell, hol einen Eimer Wasser! Oder eine Decke!«

Jennifer verstand nicht, was er von ihr wollte. »Aber wieso denn?«

»Die Kerze!«, brüllte Angstmän. »Weißt du nicht, wie gefährlich Kerzen sind?«

»Ja klar, aber die brennt doch gar nicht«, antwortete Jennifer.

»Und warum steht die da?« Seine Stimme überschlug sich.

»Na ja, ich hab sie vorhin mal ganz kurz angezündet, aber wirklich nur ganz kurz ...«

Angstmän verdrehte die Augen. »Weißt du nicht, dass Kerzen innen im Docht noch stundenlang weiterglühen können, obwohl man sie schon längst ausgemacht hat?«

Er leckte seinen Zeigefinger nass und hielt ihn in die Luft, so wie ein Seemann, der versucht herauszufinden, aus welcher Richtung der Wind kommt. »Dann braucht nur ein kleiner Luftzug zu kommen und sie entflammen wieder, und wenn dann ein zweiter Luftzug kommt, vielleicht ein kleiner Windstoß, dann kippt die Kerze um und fällt hier auf die Zeitung und die fängt natürlich sofort an zu brennen, weil sie aus Papier ist! Und dann brennt der Tisch, weil der ja aus Holz ist, und dann brennt das Sofa, weil das ja aus ... aus ...« Er stockte. »Aus was ist eigentlich ein Sofa?«

Jennifer zuckte mit den Schultern. »Aus Sofamaterial?«

»Genau! Aus Sofamaterial! Nichts brennt so gut wie Sofamaterial und dann brennt die ganze Wohnung, das ganze Haus, alles brennt, lichterloh, meterhohe Flammen, und du rennst zur Tür, die ist aber abgeschlossen und die Fenster sind zu hoch; wenn man da rausspringt, bricht man sich das Genick und dann weiß man nicht wohin **UND DANN VERBRENNT MAN UND IST TOT!**«

Die letzten Worte hatte er geschrien, auf der Rückenlehne des Sofa stehend – und dann war er zusammengebrochen.

Jennifer starrte den leblosen Superhelden an und sagte: »Das ist ja furchtbar!« Sie beugte sich zu ihm herunter, aber da sprang er auch schon wieder auf und kommandierte: »Eben! Jetzt hol endlich das Wasser!«

Jennifer rannte ins Badezimmer und ließ den Putzeimer voll laufen. Sie hörte, wie Angstmän im Wohnzimmer halblaut vor sich hinplapperte: »Ganz ruhig, ganz ruhig, das Schlimmste ist, wenn man in Gefahrensituationen in Panik gerät …«

Um den vollen Eimer aus der Badewanne zu heben und durch den Flur ins Wohnzimmer zu schleifen, musste Jennifer ihre ganze Kraft zusammennehmen. Sie war überrascht, wie schwer Wasser sein konnte.

»Her damit!« Angstmän riss ihr den Eimer aus den Händen. »Eins, zwei drei, Wasser marsch!«

Er kippte den gesamten Inhalt des Eimers über die Kerze, mit ordentlich Schwung und Schmackes. »Gefahr erkannt, Gefahr gebannt!«

Erleichtert ließ er sich in den Sessel plumpsen.

Jennifer starrte das überschwemmte, voll gespritzte Wohnzimmer an. »Das ist aber ganz schön … nass!«

Angstmän zog die Nase hoch und sagte: »Na und, lieber nass als tot!«

Jennifer war klar: Wenn ihre Mutter diese Schweinerei zu sehen bekam, dann bedeutete das mindestens eine Woche Fernsehverbot. Also räumte sie erst einmal den kleinen, voll gesaugten Flokati-Teppich zur Seite, rannte ins Badezimmer, holte einen Lappen und begann das Wasser aufzuwischen. Angstmän saß im Sessel und schaute ihr zu. Als ihm das zu langweilig wurde, fing er an, Anweisungen zu geben: »Da, unter dem Sofa, da ist auch noch was hingespritzt!«

»Wie bitte?« Jennifer fand das reichlich unverschämt. »Du könntest mir ruhig mal ein bisschen helfen! Schließlich hast *du* das alles hier unter Wasser gesetzt ...«

Angstmän stand auf, schaute sich hilflos um und sagte: »Ich würde ja gern, aber ich hab leider keinen Lappen.«

»Hier, nimm den!« Jennifer klatschte ihm ihren in die Hand. »Ich hol mir einen neuen.« Als sie zurückkam, stand Angstmän immer noch auf demselben Fleck und hielt den Putzlappen mit ausgestrecktem Arm und spitzen Fingern von sich. »Weißt du, in solchen ... Lumpen leben in der Regel Millionen von krank machenden Bakterien und todbringenden Viren. Davon kriegt man Tuberkulose und Pocken und Röteln ...«

Jennifer stöhnte: »Manno, da können gar keine Bakterien drin sein. Den hat meine Mutter letzte Woche neu gekauft. Jetzt hilf mir bitte!«

»Na gut, aber nur unter Protest ... und besonderen Hygienevorkehrungen.« Er legte den Lappen auf den Boden, zog eine Plastiktüte aus einer Innentasche seines kleinen Umhangs und riss sie vorsichtig auf. In der Tüte waren zwei weißlich-durchsichtige Gummihandschuhe, so wie die, die Jennifers Mutter im Krankenhaus benutzte, wenn sie jemandem eine Spritze geben oder Blut abnehmen musste. Langsam und konzentriert zog Angstmän sie an.

»So! Dann woll'n wir mal.« Er nahm den Lappen und begann die nassen Dielen zu wischen. Allerdings ohne sich hinzuknien. Das sah ziemlich komisch aus.

Jennifer schaute verwundert zu. »Wahrscheinlich hat er Angst vor einer tödlichen Knieinfektion«, dachte sie.

Angstmän hob Jennifers Barbiepuppe auf. Sie hatte klitschnasse Haare. »Die legen wir mal beiseite.«

»O Mist, meine Barbie«, sagte Jennifer. »Gib her, die muss ich richtig abtrocknen.«

Er reichte sie ihr. Jennifer wollte grade zugreifen, da schrie Angstmän plötzlich wie am Spieß. Er ließ die

Barbie auf den Boden fallen. Jennifer zuckte erschrocken zusammen.
Angstmän zeigte auf den Schuhschrank und stotterte: »Da ... die ... die Puppe da ... hinter dem Schrank!« Er schaute sich hektisch nach Fluchtmöglichkeiten um.
Jennifer sah, dass ihre Powermänfigur halb hinter dem Schuhschränkchen hervorschaute. Sie lachte. »Das ist doch keine Puppe! Das ist eine Actionfigur.« Sie nahm sie in die Hand und zeigte auf das »P« auf ihrer Brust. »Das ist Powermän. Den hab ich von meinem Vater geschenkt bekommen.«
»Powermän?«, krächzte Angstmän. »So 'n Quatsch!« Er wurde immer aufgeregter. »Sag mal, steckst du mit dem etwa unter einer Decke?«
Jennifer verstand kein Wort. Warum sollte sie mit Powermän unter einer Decke stecken?
Angstmän rannte zur Wohnungstür und drückte auf die Klinke. »Abgeschlossen! Verstehe. Das hab ich mir doch gleich gedacht: erst einen auf nett machen, von wegen nicht hauen und so, und mir dann eine Falle stellen. Wahrscheinlich sollst du mich nur hinhalten, bis er da ist. O Mann, der macht mich fertig, wenn der mich erwischt, der macht mich alle!«

Er nahm seinen Teleporter in die Hand. »Vielleicht reicht die Energie ja noch, um die Tür aufzusprengen.«

»Wie bitte?« Jennifer hatte »aufsprengen« verstanden. Der konnte doch nicht wirklich »aufsprengen« gesagt haben, oder doch?

Angstmän begann wild auf den Teleporter einzutippen. »So, Koordinaten eingeben,

dann den Super-Power-Boost-Restenergie-Kulminator einschalten …«

Jetzt war Jennifer sich sicher: Er hatte tatsächlich »aufsprengen« gesagt. »Nein, lass das!«, rief sie.

Aber Angstmän machte unbeirrt weiter: »… Elektronenfilter aufziehen … Luft anhalten … Uuuund!«

Jennifer warf sich mit dem Gesicht nach unten auf den Boden und hielt sich die Ohren zu. Sie erwartete eine Wahnsinnsexplosion, einen Donnerschlag. Einen Urknall! Aber der kam nicht.

Statt der Explosion hörte sie nur ein leises elektronisches Fiepen und dann ein jämmerliches Superhelden-Fluchen: »Misti, Misti, Misti!« Angstmän warf den Teleporter an die Wand und schrie: »Ich brauche eine Axt … oder einen Vorschlaghammer … oder …«

»JETZT HÖR ENDLICH AUF, DU MACHST MIR ANGST!« Jennifer hatte so laut geschrien, dass sie husten musste. Angstmän blieb stehen und schaute sie überrascht an. »Was hast du gesagt?«

Jennifer räusperte sich und antwortete unsicher: »Ich hab gesagt, dass ich Angst kriege, wenn du … hier so herumrennst und die Tür sprengen willst und solche Sachen erzählst.«

»*DU* kriegst Angst?« Das schien ihn zu verwirren.

Er kratzte sich nachdenklich am Kopf. Dann hob er ganz vorsichtig mit spitzen Fingern die Actionfigur vom Boden auf und hielt sie weit von sich, wie zuvor den bakterienverseuchten Todes-Putzlappen.
»Du glaubst wirklich, dass dieser Typ ›Powermän‹ heißt, oder?«
Jennifer nickte. »Wie denn sonst?«
Angstmän schüttelte mitleidig den Kopf. »Du bist aber auch 'ne ganz leichte Beute! Das P auf der Brust heißt nicht ›Powermän‹. Es heißt …« Und dann formte er tonlos mit den Lippen ein Wort. Jennifer konnte aber nicht erkennen, was es heißen sollte. Sie war ja schließlich keine gehörlose Lippenleserin. Sie zuckte hilflos mit den Schultern.
Angstmän flüsterte: »Man darf den Namen nicht so laut aussprechen, sonst ist er sofort da.«
Jennifer flüsterte zurück: »Dann sag ihn mir doch leise ins Ohr.«
Angstmän schaute sich um, ging auf Zehenspitzen zu Jennifer hinüber und hauchte ihr den Namen in ihr rechtes Ohr. Jennifer wusste nicht, ob sie ihn richtig verstanden hatte. »PÖBELMÄN?«, fragte sie nach.
Angstmän hielt ihr den Mund zu. »Bist du irre?« zischte er. »Willst du uns umbringen?«

Jennifer schüttelte den Kopf. Angstmän nahm langsam seine Hand wieder von ihrem Mund.
»Und wer ist dieser … Typ?«, fragte Jennifer leise.
Angstmän schluckte. »Das ist die fieseste Ratte des Universums! Ein echtes Superhelden-Schwein.«
Jennifer schaute ihn fragend an.
»Na ja, der ist einerseits ein Superheld, aber eben auch ein richtiges Schwein«, erklärte Angstmän. Er setzte sich aufs Sofa. »Sei nur froh, dass du ihm noch nie begegnet bist.«
»Was macht der denn so Schlimmes?« So richtig konnte sie sich immer noch nichts unter einem »Superhelden-Schwein« vorstellen.
Angstmän starrte sie mit großen Augen an. »Alles! Der macht alles! Das volle Programm: schubsen, Bein stellen, Kopf ins Klo und spülen …«
»Iiihh!« Jennifer schüttelte sich.
Angstmän war aber noch nicht fertig: »… fesseln, foltern, vierteilen, und vor allem natürlich: pöbeln! Deswegen heißt der ja auch so.«
»Was ist eigentlich *pöbeln*?« Jennifer hatte das Wort noch nie gehört.
Angstmän erklärte es ihr: »Na ja, pöbeln ist … ärgern, stänkern … So fies rummachen eben, verstehst du?«

»Ja klar. Und du heißt Angstmän, weil …«
»Genau!« Er stellte sich stolz und aufrecht mit seinen Gummistiefeln aufs Sofa, legte die rechte Hand auf sein Herz und sagte mit fester Stimme: »Weil ich der begabteste Schisshase, der größte und fantastischste Angstbeutel des Universums bin!«

So was Ähnliches hatte Jennifer sich schon fast gedacht.

Angstmän sprang vom Sofa und klatschte in die Hände. »So, genug geplaudert! Jetzt müssen wir erst einmal die Wohnung sichern! Er kann jeden Moment hier auftauchen. Lass mich überlegen: Wo fangen wir an? Die Tür! Los, abschließen!«
»Aber … die ist doch schon abgeschlossen«, sagte Jennifer.
»Ach so, stimmt ja«, erinnerte sich Angstmän. »Aber das reicht nicht. Der Typ ist ein Bulldozer, 'ne Dampframme! Wir müssen das Sofa vor die Tür schieben. Los, schnell!«
Jennifer rannte zum Sofa. Angstmän blieb stehen.
»Angstmän?«
»Ja, was gibt's?«

»Du musst mir schon helfen, ich schaffe das nicht alleine.«

»Oooh …« Angstmän zog zischend Luft durch die Zähne, griff sich an den Rücken und setzte sich langsam, wie ein sehr alter Mann, auf den Sessel. »… das tut mir wirklich Leid. Weißt du, ich hab's an der Bandscheibe, und da hätte ich viel zu viel Angst, dass ich mir dabei noch was zerre oder so. Mach das mal lieber alleine.«

»Ja, aber das ist doch viel zu schwer!«, protestierte Jennifer.

Angstmän winkte ab. »Ach was, du schaffst das schon! Los beeil dich, jede Sekunde zählt!«

Jennifer versuchte das Sofa an einer Seite anzuheben, aber es war wirklich zu schwer. Dann stemmte sie sich mit ihrem ganzen Gewicht gegen die Rückseite und schob es langsam und ruckweise vorwärts. Angstmän dirigierte: »Noch 'n bisschen nach links … Jetzt wieder nach rechts … Und wieder links …«

Geschafft. Die Tür war blockiert. Jennifer ließ sich aufs Sofa fallen.

»Jetzt nur nicht schlappmachen!«, sagte Angstmän und betrachtete die beiden Fenster. »Wir haben doch grade erst angefangen. Also: Wir brauchen einen Hammer und große Nägel. Habt ihr einen Werkzeugkasten?«

»Wofür?«, fragte Jennifer.

»Das wirst du schon sehen! Los, die Zeit drängt!«, wies Angstmän sie zurecht.

Jennifer stöhnte, stand aber wieder auf und ging in den Flur. Da irgendwo hatte ihre Mutter den Werkzeugkasten doch hingestellt. Vielleicht hinter den Vorhang?

»Bretter! Stabile Bretter brauchen wir!« Angstmän schaute sich im Raum um. Er ging zum Bücherregal und klopfte gegen das Holz. Das klang gut! Er versuchte eins der Regalbretter zu lockern. Kein Problem. Man konnte sie mit einem einzigen Handgriff herausnehmen. Die Bücher knallten dabei natürlich auf den Boden. Angstmän schien das aber gar nicht zu bemerken. Oder es interessierte ihn einfach nicht. Als er das vierte Brett in den Händen hielt, kam Jennifer wieder ins Zimmer. Mit zusammengebissenen Zähnen schleppte sie einen wuchtigen Werkzeugkasten, den sie beim Anblick der Regalruine und des Bücherhaufens vor Schreck fallen ließ. Er landete krachend einen Zentimeter neben ihrem linken großen Zeh.

»WAS MACHST DU DENN DA?«

Sie rannte zum Regal, kniete sich hin und begutachtete die heruntergefallenen Bücher. Sie hielt Angstmän ein Taschenbuch mit einem halb abgerissenen Einband vors Gesicht. »Hier, kuck doch mal! Die gehören alle meinem Vater, die wollte er nächste Woche abholen!«

Aber Angstmän schaute gar nicht hin, sondern wühlte im Werkzeugkasten. »Stell dich nicht so an, Jennifermän. Wir brauchen doch Holz, um die Fenster zuzunageln.«

»Die Fenster zunageln?« Jennifer hatte das Gefühl, dass das Ganze ein bisschen außer Kontrolle geriet – Pöbelmän hin, Pöbelmän her.

»Hör mal, Angstmän. Ich … ich … glaube, meine Mutter findet das nicht so gut, wenn wir die Fenster …«

Angstmän unterbrach sie: »Deine Mutter?« Er drehte sich um und schaute Jennifer drohend an. »Vor wem hast du mehr Angst? Vor deiner Mutter oder vor IHM? Weißt du, was seine Spezialität ist?«

Jennifer schüttelte den Kopf.

Angstmän stellte sich hinter sie und flüsterte ihr ins Ohr: »Am liebsten kommt er nachts, wenn du schläfst. Er schleicht sich an dein Bett heran, ganz leise, von hinten, und dann packt er deinen Kopf und dreht ihn herum. Zwanzig, dreißig Mal!«

Angstmän fasste Jennifer an den Schultern und begann sie zu drehen. Immer schneller. So, wie man jemanden beim Topfschlagen dreht, um ihn zu verwirren. Dabei redete er aufgeregt weiter: »Und dann ist dein Hals aufgedreht wie ein Gummizug! Und wenn er den Kopf dann wieder loslässt …«

Angstmän hörte auf zu drehen und hielt Jennifer fest. Er schaute ihr in die Augen. »… dann dreht sich der Kopf zurück, blitzschnell zwanzig, dreißig Mal! In einem Affentempo! Und dann …«

Er stupste Jennifer mit seinem Zeigefinger gegen die

Brust. Jennifer war von der Dreherei so schwindelig, dass sie das Gleichgewicht nicht halten konnte und nach hinten in den Sessel kippte. Angstmän sprang mit beiden Füßen auf die Sessellehnen. Er schaute auf sie herab.

»... dann bleibt dein Kopf natürlich mit dem Gesicht nach hinten stehen, und wenn du dann vorwärts gehst, siehst du ja nix und stolperst und landest auf deinem Hinterkopf, weil der ja dann vorne ist! Und dann hast du immer Kopfschmerzen, grässliche, bohrende, hämmernde Kopfschmerzen.«

Angstmän hielt seinen Kopf mit beiden Händen fest, wiegte ihn hin und her und stöhnte, als habe er einen schweren Migräne-Anfall.

»Aahhhhh ... diese furchtbaren Kopfschmerzen ...«

»ANGSTMÄN!!!« Jennifer war entsetzt.

»Was gibt's?« Er hörte auf zu stöhnen und ließ seinen Kopf los.

»Stimmt das wirklich?«, fragte sie.

Angstmän sprang von der Sessellehne, hielt seine gespreizten Schwur-Finger in die Luft und sagte: »Großes Superhelden-Ehrenwort!« Er zeigte auf die Fenster. »Los, zunageln!«

Selbst wenn Jennifer nicht überzeugt gewesen wäre, hätte sie jetzt die Fenster zugenagelt, nur um keine weitere Halsrumdreh-und-Kopfschmerz-Horror-Show ertragen zu müssen. Aber inzwischen glaubte sie wirklich, dass Pöbelmän jeden Moment durchs Fenster rauschen könnte.

Sie nahm Hammer und Nägel aus dem Werkzeugkasten und wies Angstmän an, eins der Bretter an den Fensterrahmen zu halten.

»Du musst mir aber versprechen, mir nicht auf die Finger zu hauen!«, jammerte der Superheld.

»Versprochen!« Jennifer hämmerte. Sie brauchte zwei Bretter für jedes Fenster und vier Nägel für jedes Brett. Als sie den letzten Nagel einschlug, hörte sie ihr Hämmern doppelt. Eigentlich klang es, als ob irgendwo im Haus noch jemand hämmerte. Angstmän fuhr zusammen. »Das isser! Verdammt! Los, nagel das Brett fest!«

Jennifer schlug mit aller Kraft auf den Nagelkopf.

Wieder doppelten sich die Hammerschläge und dann hörte man jemanden dumpf poltern: »RUHE DA OBEN!«

Angstmän erstarrte, aber Jennifers Gesicht entspannte sich. Sie lächelte. »Hey, das ist nur der Wagenberg. Von unten. Den hat unser Gehämmer gestört.«

Angstmän war entschieden anderer Meinung. »Wie

kannst du nur so naiv sein, Jennifermän! Der kann doch jede Stimme der Welt nachmachen. Auch die von diesem … Wagenbach …«

»Wagenberg!«, verbesserte Jennifer.

»Meinetwegen. Der kann sogar so klingen wie du … oder wie ich … Aber, wenn man ein geschultes Ohr hat, dann kann man ihn trotzdem erkennen.«

»Woran?«, fragte Jennifer.

»Zum Beispiel am …« Angstmän dachte nach. In diesem Moment rutschte Jennifer der Hammer aus der Hand und landete scheppernd auf dem Werkzeugkasten. Wieder hörte man das Klopfen und wieder brüllte die Stimme: »IST JETZT ENDLICH RUHE DA …« Doch dann musste der Brüller schrecklich husten.

Darauf hatte Angstmän gewartet.

»Hörst du?! Am Husten kann man ihn erkennen! Genau! Weil das Stimme-Verstellen so anstrengend ist, muss er immer husten!«

»Echt?« Jennifer war sich jetzt nicht mehr ganz so sicher, ob sie eben tatsächlich Herrn Wagenberg gehört hatte oder doch Pöbelmän, das hustende Superhelden-Schwein.

Angstmän begann hektisch nach einem Versteck zu suchen. Er schoss durch den Raum wie eine Billardkugel. »Der Schrank! Ich geh wieder in den Schrank!«

Er stieg hinein und knallte die Tür zu.

Jennifer stand alleine mitten im Zimmer. »Angstmän?«

Sie rannte ebenfalls zum Schrank und rüttelte an der Tür, aber Angstmän hielt sie von innen zu.

»Mach auf! Ich will auch da rein!«, rief sie.

»Bist du irre?«, brüllte Angstmän aus dem Schrank. »Wir müssen uns verteilen. Das erhöht unsere Überlebenschancen um 50 Prozent. Such dir ein anderes Versteck!«

Jennifer schaute sich um. Die Kommode! Sie hatte oben eine Schublade und unten ein großes Fach, in dem Jennifers Mutter Wäsche aufbewahrte. Jennifer riss die Tür auf, zerrte die Tischdecken, Handtücher und Bettbezüge heraus – ungefähr so vorsichtig, wie Angstmän vorhin das Bücherregal abgeräumt hatte – und kroch hinein. Tür zu. Ruhe!

In der Kommode war es ganz schön eng. Und stickig. Und warm!

Aber Jennifer wusste, dass es jetzt um Leben oder Tod ging, um körperliche Unversehrtheit oder Kopf-ins-Klo! Also hielt sie aus! So lange sie konnte. Nach fünf Minuten waren ihre Füße eingeschlafen und nach zehn Minuten ihr Hintern. Sie hatte gar nicht gewusst, dass es so etwas überhaupt gab: einen eingeschlafenen Hintern. Sie versuchte ein bisschen hin und her zu ruckeln, aber davon wachten die müden Po-Backen auch nicht auf. Noch unangenehmer war, dass die Luft langsam knapp wurde. Jennifer atmete nur noch ganz flach. Schließlich öffnete sie die Tür einen Spaltbreit. »Angstmän?«, flüsterte sie laut. Sie räusperte sich. Laut flüstern war ziemlich anstrengend für die Stimme. »Aangstmäään!?« Sie hörte, wie die Schranktür quietschte.

»Was gibt's?«, flüsterte Angstmän zurück.

»Kriegst du auch so schlecht Luft?«, fragte Jennifer.

»Total schlecht. Ich musste schon zweimal mein Asthma-Spray benutzen.« Er hüstelte wie zur Bekräftigung.

»Vielleicht können wir uns ja *vor* die Schränke setzen«, schlug Jennifer vor. »Und wenn er dann kommt, dann gehen wir ganz schnell wieder rein.«

Angstmän machte eine lange Pause. Schließlich antwortete er: »Na ja, also ... wenn wir ganz, ganz

vorsichtig sind ... müsste das eigentlich in Ordnung gehen.«
Jennifer quälte sich aus ihrem engen Versteck. Ihre Beine und ihr Hintern waren immer noch taub, wachten dann aber langsam auf und fingen an zu bitzeln. Es war ein Gefühl, als würde sie mit frischen Brennnesseln auf nackter Haut gefoltert. Sie musste aufstehen, hin und her gehen und die Beine ausschütteln.
»Geh nur nicht zu weit weg!«, warnte Angstmän.
Als Jennifers Beine sich wieder normal anfühlten, setzte sie sich neben ihn. Er schaute sie vorwurfsvoll an. »Und was ist, wenn er jetzt kommt? Los, vor die Kommode!«
»Mann, das sind doch bloß ein paar Schritte. Ich mag da nicht alleine sitzen.« Jennifer rückte noch ein Stück näher.
Eine Zeit lang hockten sie einfach so da, schwiegen und lauschten. Im Gegensatz zu vorhin, als Jennifer versucht hatte zu schlafen, hörte sie jetzt tatsächlich nichts. Irgendwann wurde ihr die Stille zu still.
»Hörst du was?«, fragte sie.
Angstmän legte seine Stirn in Falten und wackelte ganz leicht mit den Ohren. Er strengte sich sichtlich an. »Nee, jetzt höre ich grade nichts. Aber der Typ

ist unglaublich raffiniert. Der ist so raffiniert, der macht manchmal Geräusche, die sind … unhörbar!«

Jennifer überlegte, was »unhörbare Geräusche« sein könnten, kam aber zu keinem Ergebnis. »Woher kennst du den eigentlich so gut?«, fragte sie weiter.

»Mann, der ist seit x Lichtjahren hinter mir her!«

»Ja, ich weiß, aber wie hast du ihn denn überhaupt kennen gelernt?«

Angstmän schaute Jennifer unsicher an. »Interessiert dich das wirklich?«

»Klar, sonst würde ich ja nicht fragen.«

»Okay!« Angstmän stand auf und sprang auf den Tisch. Er schaute sich um und zeigte dann mit ausgestrecktem Arm auf die gegenüberliegende weiß gestrichene Wand. »Die ist gut! Achtung, gleich geht's los!«

Er zog an seinem rechten Ohrläppchen – es wurde dunkel und eine Fanfare ertönte. Er zog an seinem linken Ohrläppchen – und aus seinem Helm leuchtete der Strahl eines Filmprojektors. Wie bei einem richtigen Kinofilm erschien zunächst ein Vorspann auf der Leinwand, genauer gesagt auf der Raufasertapete. Jennifer las laut den Titel: »**ANGSTMÄN –**

EIN LEBEN IN PANIK«. Dazu ertönte ein Lied, dessen Text allerdings nur aus den Worten »Angstmän, Angstmän« bestand, die ein leicht quiekender Mädchenchor in einer Endlosschleife stetig wiederholte.

»Das ist ein Film über mich«, sagte Angstmän stolz. »Popcorn?« Er reichte Jennifer eine Tüte, die

er irgendwo aus seinem Umhang hervorgefummelt hatte.
»Gerne«, sagte sie und nahm sich eine Hand voll.
Angstmän setzte sich hin. Dabei wackelte das Bild ein wenig. Jennifer setzte sich neben ihn. Der Film begann mit viel Tempo. Man sah ein kleines schnittiges Raumschiff mit Blaulicht und Sirene durch das Weltall rasen. Es hielt vor einem Wolkenkratzer, auf dem in rosa Neonleuchtschrift »Galaktisches Superheldenklinikum II« stand.
Die Tür des Raumflitzers öffnete sich und heraus schossen zwei Superhelden – man konnte sie kaum erkennen, so schnell waren sie. Nur dass einer von ihnen einen ziemlich dicken Bauch hatte, konnte man deutlich sehen.
»Das sind meine Eltern auf dem Weg ins Krankenhaus, gleich werde ich geboren«, sagte Angstmän. »Obwohl ... ein bisschen dauert's noch ...«
Die nächste Szene zeigte Angstmäns Mutter im Kreißsaal. Sie war barfuß, hatte einen weißen Kittel an, saß auf einer Art Zahnarztstuhl und las ein Comic-Heftchen. Angstmäns Vater stand hinter ihr und massierte ihren Nacken.
»Mann, ist der Bauch dick!«, staunte Jennifer.
»Klar«, antwortete Angstmän, »da sind ja auch

zwei drin ... Mein Bruder und ich. Gleich kannst du ihn sehen. Der kommt nämlich als Erster raus. So ist der heute noch: unvorsichtig und immer vorneweg! Rat mal, wie der heißt.«
»Keine Ahnung.«
»SUPERMUTMÄN ... Achtung, jetzt kommt er!«

Angstmäns Mutter zuckte kurz mit der Nase, so als ob sie Schnupfen hätte und den Rotz hochziehen würde. Eine Hebamme griff ihr unter den Kittel und holte ein kräftiges Baby mit dicken Oberarmen hervor. Sie zeigte es der Mutter – die lächelte. Dann durfte der Vater die Nabelschnur mit einer Laser-Schere durchschneiden und die Hebamme sagte: »So, jetzt haben wir's bald geschafft!«

»Irrtum«, sagte Angstmän zu Jennifer. »Mein Bruder und ich sind zwar Zwillinge, aber bei uns war es nicht so, wie es normalerweise bei Zwillingen ist: Erst kommt der eine und ein bisschen später der andere, plopp-plopp!«
Auf der Raufaserleinwand erschien eine Schrift:

25 STUNDEN SPÄTER

Dann sah man Angstmäns Mutter, die immer noch auf dem Geburtsstuhl saß, immer noch mit dickem Bauch, vielleicht ein bisschen dünner als vorher, neben sich einen Riesenstapel mit Comic-Heftchen, die sie in den letzten 25 Stunden durchgelesen hatte. Sie sah etwas müde aus. Wieder verzog sie ihr Gesicht, aber nichts passierte. Sie presste noch einmal, diesmal stärker. Immer noch nichts. Ein Arzt und zwei Hebammen liefen hektisch herum und redeten aufgeregt aufeinander ein. Der Vater hatte sich ein Kissen auf den Fußboden gelegt und schlief.

Angstmän zeigte auf den Bauch seiner Mutter. Mit vollem Popcorn-Mund erklärte er: »Ich war immer noch da drin. Weißt du, ich wollte nicht raus. Drinnen war's so schön kuschelig und mollig warm und draußen so hell und eisig kalt. Also hab ich mich innen festgeklammert, und die sind alle Amok gelaufen. Aber das war mir egal. 25 Stunden konnte ich mich festhalten und dann …«

Jennifer sah, wie Angstmäns Mutter von allen im Kreißsaal Anwesenden unter starkem Gestöhne und Geächze auf eine fahrbare Liege gehievt wurde.

Man schob sie durch eine breite gläserne Schwingtür, auf der »OP« stand.

»Das ist der Operationssaal, da haben sie mich dann mit Kaiserschnitt rausgeholt!«, sagte Angstmän.

Als die Mutter wieder herausgeschoben wurde, hatte sie ein kleines zartes Baby im Arm, das mit weit aufgerissenen Augen in die Kamera starrte und sich dann ganz schnell beide Hände vors Gesicht hielt.
»Das bin ich! Da übe ich schon mal verstecken!«, sagte Angstmän. »Und jetzt kommt gleich mein erster Schultag in der Superhelden-Grundschule!«
In der Einschulungs-Szene war Angstmäns Bruder schon zwei Köpfe größer als er. Angstmän konnte seine Schultüte kaum tragen und weinte, als er mit den anderen Kindern ins Klassenzimmer ging. Jennifer dachte an ihr Einschulungsfoto und dass sie nicht vergessen durfte es wieder aufzuhängen, bevor ihre Mutter nach Hause kam.

Angstmän kommentierte weiter den Film: »Mein Bruder hat dann auch gleich zwei Klassen über-

sprungen, weil er immer der Beste war. Und ich bin in der Grundschule dreimal sitzen geblieben. Die waren aber auch echt nicht normal da. Die haben total gefährliche Sachen gemacht: erste Stunde ›Bäume ausreißen‹, zweite Stunde ›Entgleiste Eisenbahnen anhalten‹ und zum Abschluss eine Doppelstunde ›Fliegen mit Lichtgeschwindigkeit‹. Kein Wunder, wenn man da … lernschwach wird!«

Im Film sah man, wie alle anderen Superhelden-Kinder von einem Hochhaus sprangen und 30 Stockwerke tiefer sicher auf dem Boden landeten. Nur Angstmän klammerte sich an die Lehrerin und schrie, er wolle nicht, er könne nicht und man solle bitte seine Mama holen.

»Oh, daran kann ich mich noch gut erinnern«, sagte Angstmän, »das war ein ganz neues Fach. Das wurde eingeführt, als ich zum dritten Mal in der ersten Klasse war. Es hieß ›Vom Hochhaus springen ohne sich den Knöchel zu verknacksen‹. Danach musste ich die Schule wechseln. Und da kam ich dann in die Klasse von diesem Superfiesling. Achtung!«

Der kleine Angstmän betrat ein Klassenzimmer und setzte sich auf den einzigen freien Platz, neben einen Jungen, der bestimmt doppelt so hoch und breit war wie er. Angstmän lächelte ihn an, aber das wuchtige Riesenbaby klemmte einfach Angstmäns Nase zwischen seine Finger und drehte sie mit einem Ruck herum. Angstmän heulte.

»Und so ging das dann immer weiter. Erst ärgerte er mich nur im Klassenzimmer und in der Pause, aber dann lauerte er mir jeden Morgen vor der Schule auf und nahm mir mein Essensgeld, mein Turnzeug oder irgendetwas anderes ab. Und nach der Schule stand er wieder da, und weil ich dann nichts mehr zum Abnehmen hatte, hat er mich einfach so gehauen.«

Jennifer war schockiert über das, was sie in dem Film sah. Das war fast so schlimm wie die Kettensägengeschichte von vorhin. Dieser Pöbelmän machte mit Angstmän alles, was man sich nur vorstellen kann oder lieber gar nicht vorstellen möchte: Er steckte ihn in Mülltonnen, er schubste ihn in dreckige Pfützen, fünfmal hintereinander, immer wieder, er klaute ihm die Schuhe und schmiss sie in den Fluss, er goss Milchtüten über seinem Kopf aus, er setzte sich einfach auf ihn drauf …

»Das nannte er ›Mucki-Rodeo‹«, sagte Angstmän. »Das war super-brutal. Dabei hat er sich auf meinen Brustkorb gehockt, mit beiden Knien auf meine Oberarme gedrückt und ist dann hin und her gejuckelt … Mann, tat das weh!«
»Und du hast dich nicht gewehrt?« Jennifer konnte es nicht fassen.
»Gewehrt?« Angstmän schaute sie vollkommen verständnislos an. »Der Typ ist ’ne Kampfmaschine!«

Jennifer war empört. »Und die Lehrer? Haben die nichts gesagt? Oder deine Eltern?«
Angstmän tippte sich mit dem Finger an den Kopf. »Ich hab das doch keinem erzählt! Dann hätte der mich ja erst recht massakriert. Außerdem wäre das meinen Eltern peinlich gewesen: Beide voll die altgedienten Superhelden, mein Bruder ein Nachwuchssuperheld – da stehste ganz schön alleine da mit deinem Schiss in der Hose!«

In der letzten Szene des Films ging Angstmän langsam eine einsame Straße entlang. Dann kam der Abspann.
»War's das schon?«, fragte Jennifer.
»Nee«, sagte Angstmän, »das war nur der erste Teil. Am zweiten wird noch gearbeitet. Die sollen dann beide im Superhelden-Kinderkanal gezeigt werden. Zur Abschreckung. Damit niemand so 'n Panikpupser wird wie ich.«
Angstmän zog wieder an seinen Ohrläppchen. Erst am linken, dann am rechten. Sein Helmprojektor erlosch und das Licht ging wieder an.

Sie saßen nebeneinander und sagten nichts. Angstmän schien traurig zu sein. Obwohl er ja zunächst

so stolz auf seinen Film gewesen war. Jennifer versuchte ihn zu trösten: »Ich finde gar nicht, dass du besonders feige bist!«
»Erzähl das mal meinen Eltern. Denen ist das total peinlich, dass ich so 'n Angstbeutel bin.«
Wieder schwiegen sie.
Dann fragte Angstmän: »Was machen *deine* Eltern eigentlich? Wieso sind die nicht hier?«
Jennifer wurde schlagartig übel. Sie redete nicht gern über ihre Eltern. Sie versuchte möglichst unbeteiligt zu klingen, als sie sagte: »Ach, mein Vater wohnt woanders ... in München ... und meine Mutter muss meistens arbeiten.«
Angstmän ließ nicht locker. »Wieso wohnt denn dein Vater woanders?«
»Weil ... der ... der hat eine neue Frau und ein neues Kind ...« Jennifer stand auf, stellte sich ans Fenster und versuchte zwischen den angenagelten Regalbrettern hindurch nach draußen zu schauen. Oder zumindest so zu tun.
»Dann bist du bestimmt oft allein zu Hause ...«, stellte Angstmän fest. Er ging Jennifer nach und tippte ihr auf die Schulter. »Äh ... nur mal so aus Interesse: Hast du da auch Angst?«
Jennifer drehte sich um. »Ja, manchmal schon ...«

»Vor was denn genau?« Es war klar, Angstmän wollte Einzelheiten wissen.
Jennifer überlegte.
»Spinnen, Krabbelkäfer?«, schlug Angstmän vor. »Weißt du, die so in dein Bett reinkrabbeln und dir mit ihren kratzigen Beinen übers Gesicht schubbern?«
Das fand Jennifer zwar eklig, aber Angst hatte sie davor eigentlich nicht. »Nö … ich hab zum Beispiel im Dunkeln Angst vor Einbrechern … und … aber nicht lachen: vor Monstern. So große haarige Monster, aber nicht wie in der Sesamstraße, sondern richtig gemeine, so Zombies, die sich ganz langsam über dich beugen und dich erwürgen wollen.«
»Genau! Mit so dicken Warzen, wo Haare rauswachsen!«, ergänzte Angstmän.
»Und die Mundgeruch haben, wie Frau Bargfeld, meine Klassenlehrerin. Und die bewaffnet sind, bis an die Zähne, mit Messern, Äxten … und Kettensägen!«
Angstmän war begeistert: »Alter Falter! Da läuft's einem ja eiskalt den Rücken runter!«
Sie schauten sich an und mussten plötzlich schrecklich lachen. Und dann spielten sie Monster. Jennifer

stakste mit steifen Beinen und ausgestreckten Armen durch die Wohnung und gurgelte: »Ich bin Galapagos, die Todesmumie … Ich habe furchtbaren Hunger … Gebt mir einen kleinen Superhelden …«
Angstmän kreischte und rannte weg.
Jennifer hetzte ihn durchs ganze Zimmer. Angstmän rutschte auf dem nassen Flokati aus und krachte gegen die Kommode. Aber statt sich zu beschweren und herumzuzetern, wie Jennifer erwartet hätte, bekam er noch einen Lachanfall. Jennifer lachte mit. Dann war Angstmän das Monster und Jennifer musste weglaufen. Irgendwann konnten sie nicht mehr. Erschöpft und atemlos lagen sie auf dem Boden.
»Weißt du was?«, fragte Angstmän nach einer Weile. Er nahm einen Zug von seinem Asthma-Spray.
»Nee, was denn?«, antwortete Jennifer.
»Ich glaube … ich hab grade gar keine Angst.« Er drehte seinen Kopf zur Seite, sah Jennifer an und lächelte. »Das ist vielleicht 'n komisches Gefühl …«
Jennifer lächelte zurück. Eigentlich war dieser Schisser ein verdammt netter Kerl. Sie überlegte, ob sie ihm ein Geheimnis anvertrauen konnte. Etwas, was sie sonst noch niemandem erzählt hatte.

»Angstmän? Da gibt's noch was, wovor ich Angst habe ... mehr Angst als vor den Monstern.«

»Echt? Sag mal!«

»Manchmal, wenn ich nach Hause komme und meine Mutter ist nicht da, dann denk ich ... die kommt nie wieder zurück.«

Angstmän richtete sich überrascht auf. »Wo soll die denn hin? Die wohnt doch hier!«

»Ich weiß ja, dass das Quatsch ist, aber ich denke dann, vielleicht ist ihr was passiert, ein Unfall oder so. Oder sie kann mich nicht mehr leiden.«

In diesem Moment klingelte es.

Angstmäns Kopf drehte sich ruckartig zur Tür. »Misti, Misti, Misti! Das isser! Jetzt kommt er! Los, verstecken!«

Angstmän rannte zum Bauernschrank, Jennifer zur Kommode. Fast gleichzeitig rissen sie die Türen auf und sprangen in ihre Verstecke. Na ja, eigentlich sprang nur Angstmän, Jennifer musste sich wieder hineinquetschen – die Kommode war inzwischen leider nicht größer geworden.

Es klingelte noch einmal.

Nach einer kurzen Pause hörte man eine tiefe fröhliche Männerstimme: »Hallo! Hier ist der Pizza-Bringdienst!«

Jennifer schaute vorsichtig aus der Kommode heraus. »Angstmän?«
»Was ist?«, kam es aus dem geschlossenen Schrank.
»Ich hab vorhin wirklich 'ne Pizza bestellt!«
»Tatsache?«, fragte der Schrank.
»Tatsache!«, antwortete Jennifer.
Die Schranktür öffnete sich. Angstmäns Nasenspitze erschien im Spalt. »Wenn ich es mir recht überlege, ein bisschen Hunger hätte ich schon ...«
»Da auf dem Esstisch steht noch ein Teller mit Leberwurstbroten.«
»Iiiihhh, Leberwurst! Davon muss ich ...« Angstmän machte Kotzgeräusche.
»Ich auch«, sagte Jennifer.
Wieder klingelte es.
»Hallo! Ist niemand zu Hause? Pizza Flizza – die leckerste Pizza von hier bis Nizza! Ich hab hier eine Pizza Furioso Maxi. Mit extra, aber ganz viel Formaggio!«
»Genau die hab ich bestellt!«, rief Jennifer.
Angstmän stieg aus dem Schrank. »Okay! Wir riskieren es! Aber du musst trotzdem vorsichtig sein. Schieb das Geld unten durch und sag ihm, er soll die Pizza vor die Tür stellen.«
Jennifer kletterte aus der Kommode, ging zum

Wohnzimmerschrank und nahm einen Zehn-Euro-Schein aus der Schublade. Dann bemerkte sie, dass das Sofa ja immer noch vor der Wohnungstür stand. Sie schaute Angstmän fragend an, aber der zeigte auf seinen Rücken und machte ein schmerzverzerrtes Gesicht. Es klingelte wieder. Jennifer rief: »Moment, ich komme gleich!« Es blieb ihr nichts anderes übrig, als sich wieder mit ihrem ganzen Gewicht gegen das Sofa zu stemmen und es alleine ein Stückchen zur Seite zu schieben. Sie fummelte den Geldschein durch den engen Schlitz zwischen Tür und Fußboden und sagte dem Pizzamann, er solle die Pizza draußen hinstellen.

»Kein Problem«, sagte der. »Und was ist mit dem Wechselgeld?«

Mist, das Wechselgeld! Münzen passten bestimmt nicht unter der Tür durch.

»Stimmt so«, flüsterte Angstmän.

»Mann, das sind vier Euro!«, zischte Jennifer.

»Na und, sicher ist sicher. Mach schon!«

Jennifer verdrehte genervt die Augen, rief dann aber doch: »Stimmt so!«

»Danke!«, antwortete der Pizzamann. »Schönen Abend noch und guten Appetit!«

Jennifer und Angstmän hörten, wie die Schritte

im Hausflur immer leiser wurden. Dann hörten sie nichts mehr. Jennifer wartete trotzdem noch ein paar Minuten, bis Angstmän Entwarnung gab. Als sie die Tür öffnen wollte, stellte sie fest, dass sie immer noch abgeschlossen war. »O Mann, der doofe Schlüssel! Wo hab ich den denn bloß hingetan?« Sie begann ihn zu suchen. Angstmän ging in der Zwischenzeit in die Küche, holte zwei Teller und Besteck. Er setzte sich an den Tisch, die Gabel in der linken, das Messer in der rechten Hand, und wartete.

»Jennifermän, könntest du dich etwas beeilen, ich bekomme jetzt doch langsam großen Appetit!«

»Moment, ich hab ihn gleich.«

Zuletzt suchte sie im Sofa. Hatte sie sich nach dem Abschließen nicht wieder hingelegt und den Schlüssel mitgenommen? Sie durchwühlte die Polster. So wie vorhin, als sie die Fernbedienung gesucht hatte. Und wieder fand sie einen alten Schokokeks. Da schien eine ganze Packung versteckt zu sein.

»Kann ich den haben?«, fragte Angstmän. »Als Vorspeise?«

Er schnappte sich das angegammelte Ding und steckte ihn, ohne zu zögern und die Fusseln zu entfernen, in den Mund. Jennifer fand das ziemlich eklig, sagte aber nichts und suchte weiter. Unter dem letzten Polster, in der hintersten Ecke, lag der Schlüssel. Sie nahm ihn heraus, ging zur Tür und schloss sie auf. Sie öffnete sie aber nur so weit, dass sie den Arm hindurchstecken und den Pizzakarton hereinholen konnte. Als sie die Tür wieder zumachen wollte, klemmte irgendetwas. Jennifer begriff nicht sofort, was es war. Sie hatte unvorsichtigerweise drei Sekunden auf den Karton und nicht auf die Tür geschaut. Jetzt blickte sie nach unten. Sie sah einen riesigen, breitfüßigen, nietenbesetzten **Lederstiefel!** Zum Glück hatte Jennifer die Reaktionsschnelligkeit einer künftigen Stammspielerin. Sie ließ die Pizza fallen und warf sich mit voller Wucht gegen die Tür, genau in dem Augenblick, als der Eindringling auch noch seinen Arm durch den Türspalt steckte. Er schrie. Jennifer schrie. Angstmän setzte ebenfalls zu einem Schrei an, hielt sich aber im letzten Moment die Hand vor den Mund, drehte sich um und verschwand im Schrank.

Jennifer kämpfte noch ein, zwei Minuten, stöhnte und ächzte, dann hatte sie keine Kraft mehr. Sie gab auf und rutschte zur Seite. Die Tür flog krachend auf.

Im Türrahmen stand Pöbelmän, das fieseste Superhelden-Schwein des Universums!

Jennifer erkannte ihn an seinem Gesicht. Das sah noch genauso aus wie in Angstmäns Film, aber ansonsten hatte sich der Superheld ziemlich verändert. Vielleicht auch nur weiterentwickelt. Zwar war er auch schon im Film groß und nicht grade schlank gewesen, aber hier und jetzt stand Jennifer der gewaltigste und dickste Mann gegenüber, den sie je gesehen hatte. Er war so hoch und breit, dass er den Türrahmen komplett ausfüllte. Sein mächtiger Körper steckte in einem schwarzen Lederoverall, auf dessen Brustteil ein feuerrotes »P« prangte. Wie Angstmän trug er einen Umhang – seiner reichte allerdings fast bis zum Boden und war natürlich ebenfalls aus schwarzem Leder. Die prankigen Motorradhandschuhe mit den aus den Handrücken ragenden Metallstacheln rundeten das Furcht einflößende Bild ab.

Pöbelmän sagte nichts. Er atmete nur langsam ein und aus. Ein leises pfeifendes Röcheln erfüllte das Zimmer. Auch Jennifer sagte nichts. Sie schaute ihn erschüttert an. Er starrte ausdruckslos zurück. Als Jennifer es nicht mehr aushielt und dachte: »Entweder falle ich jetzt in Ohnmacht oder ich spreche ihn an«, machte Pöbelmän einen Schritt in die Wohnung. Jennifer zuckte zusammen und pullerte sich ein bisschen in die Hose. Er machte noch einen Schritt. Jennifer hatte das Gefühl, dass der Fußboden leicht nachschwang. Der Koloss ließ seinen Blick durch den Raum schweifen und sagte mit tiefer, rauchiger Stimme: »Tach, wo isser?«

Jennifer hatte ihn vor lauter Panik nicht verstanden. »W-w-w-wie bitte?«, fragte sie.

Pöbelmän stöhnte: »Och, Mädchen, mach doch die Ohren auf. Also noch mal!« Jetzt sprach er langsam und überdeutlich, mit kleinen Pausen zwischen den einzelnen Wörtern: »GUTEN TAG, WO BITTE IST ER?«

Jennifer schaute sich suchend um. »W-w-w-wer?« Ihr war klar, sie musste Zeit gewinnen.

Pöbelmän deutete ein angeödetes Grinsen an, so als habe Jennifer einen Scherz gemacht und als habe er diesen Scherz schon tausendmal gehört. Er machte ein paar Schritte durch das Zimmer. Jennifer fiel auf, dass er sich trotz seines enormen Körpergewichtes erstaunlich lässig bewegte.

Er blieb genau vor dem Schrank stehen und sagte mit dem Rücken zu Jennifer: »Pass mal auf, Frollein: Du weißt genau, wen ich meine!« Dann drehte er sich um. »Also, du sagst mir jetzt, wo dieser Angsthase ist, und dafür gibt's keine auf die Backen! Ist doch ein faires Geschäft, oder?«

Jennifer zuckte hilflos mit den Schultern. Jetzt kam Pöbelmän direkt auf sie zu. Jennifer war sich sicher, innerhalb der nächsten Minute sterben zu müssen. Oder zumindest die Dresche ihres Lebens zu bekommen. Ihr Herz raste, hoppelte, hörte kurz auf zu schlagen, raste weiter. Doch als Pöbelmän vor ihr stand, bückte er sich nur und hob den heruntergefallenen Pizzakarton auf. Er warf einen Blick hi-

nein, setzte sich aufs Sofa und begann gierig zu essen. Mit vollem Mund redete er weiter: »Die Frage ist doch: Wie groß ist dein Interesse, unnötige Schmerzen zu vermeiden?« Plötzlich hörte er auf zu kauen, schaute verärgert in den Karton und spuckte die Pizza angewidert zurück. »Bäh, das ist ja eklig, da ist eindeutig zu viel Käse drauf! Und das nächste Mal bestellst du eine mit Sardellen.«
Leise, mehr zu sich als zu ihm, sagte Jennifer: »Die müssten eigentlich drauf sein.«
Pöbelmän pfefferte den Karton in die Ecke.
»Dann hamse dich beschissen!« Er leckte seine beschmierten Finger ab. »Zurück zum Thema: Ich fände es wirklich ausgesprochen reizend, wenn du mir verraten könntest, wo sich die Zitterpalme versteckt. Ansonsten muss ich dir leider ein oder zwei Beine brechen, meine kostbare Zeit mit Suchen verschwenden und am Ende finde ich ihn trotzdem. Das ist doch albern, oder?«
Er wuchtete sich hoch. »Mal was anderes: Wo is'n hier das Klo?«
Jennifers Kehle schnürte sich zusammen. Sie schüttelte den Kopf. »Nein, bitte nicht!«
»Hä?« Pöbelmän schaute sie verwirrt an. »Bitte nicht *was*?«

»Bitte nicht den Kopf in die Schüssel stecken …«

Pöbelmän musste lachen. »Hat dir der kleine Schisser also von unserer ersten Begegnung auf dem Schulklo erzählt! Nee, davor brauchste keine Angst haben, das mach ich schon seit Jahren nicht mehr. Ich muss nur mal für kleine Superhelden. Also, wo ist das Klo?«

Jennifer zeigte in Richtung Badezimmer.

»Danke, Schätzchen!« Pöbelmäns Blick fiel auf die immer noch offen stehende Wohnungstür. Er schloss sie, drehte den Schlüssel herum und hängte ihn sich um den Hals. »Nur zur Sicherheit. Du kannst dir in der Zwischenzeit überlegen, wo dein Kumpel steckt. Ich persönlich glaube übrigens …«, und dabei klopfte er im Vorbeigehen gegen die Schranktür, »… dass er hier drin sitzt!«

Jennifer schluckte, ließ sich aber ansonsten nichts anmerken.

»Aber das klären wir gleich … Du entschuldigst mich?« Pöbelmän verschwand eilig in der Toilette.

Jennifer wartete drei Sekunden, rannte zum Schrank und flüsterte aufgeregt: »Angstmän? Du musst ganz schnell verschwinden …«

Angstmän schaute heraus. »Ja, aber wohin denn?«

Ja, wohin? Jennifer dachte nach: Die Tür war abge-

schlossen, die Fenster waren zugenagelt ... aber nicht alle!
Sie zog Angstmän am Arm aus dem Schrank: »Los, du musst versuchen am Klo vorbei in mein Zimmer zu schleichen. Oder in das Schlafzimmer meiner Mutter. Da kannst du dann vielleicht aus dem Fenster ...«
»Wie bitte?«, unterbrach sie Angstmän. »Hier gibt's noch mehr Zimmer? Mit Fenstern? Mensch, da hätte der doch reinkommen können.«
»Ist er aber nicht, er ist durch die Tür gekommen. Aber *du* kannst durch die Fenster *raus*. Also los!«
Jennifer versuchte Angstmän in den kleinen Flur zu schieben, von dem Küche, Bad und die beiden anderen Zimmer abgingen.
»Aber ... aber die Fenster sind doch ziemlich hoch«, jammerte Angstmän. »Und ich kann doch nicht so gut fliegen ...«
Aus dem Badezimmer hörte man die Klospülung.
Jennifer ließ Angstmän los.
»Zu spät!« Sie zeigte auf die Kommode. »Los, da rein!«
»Aber die ist doch viel zu klein.«
»Quatsch!«
Jennifer half Angstmän, sich in die Kommode zu zwängen. Als er alle Gliedmaßen verstaut hatte,

schloss Jennifer die Tür. Sie musste etwas drücken, damit sie einrastete. Angstmän gab einen kleinen spitzen Schrei von sich. Jennifer schaffte es gerade noch, sich aufs Sofa zu setzen, bevor Pöbelmän zurückkam. Er hatte ein erleichtertes Grinsen im Gesicht und trocknete sich im Gehen die Hände an Jennifers altem Ernie-und-Bert-Handtuch ab.

»So, jetzt ist mir schon viel besser! Dann woll'n wir mal!« Er warf das Handtuch über die Sessellehne, stellte sich direkt vor den Schrank und rammte seinen Kopf gegen die Tür. »Los, du Backpflaume, komm endlich raus!«, rief er.

Jennifer spielte die Überraschte. »Mit wem reden Sie denn? Da ist doch überhaupt niemand drin.«

Pöbelmän packte sie am Sweatshirt und hob sie mit einem Arm auf Augenhöhe. »Pass mal auf, du Zwerg! Entweder du hörst auf, mich zu vergackeiern, oder ich lasse dich in einen anderen Aggregatzustand übergehen. Erstens hab ich gehört, wie du eben mit jemandem getuschelt hast, und zweitens versteckt sich dieser Blödmann in neun von zehn Fällen im Schrank.«

Er setzte Jennifer ab, bückte sich und zischte durch das Schlüsselloch: »Komm schon raus, bevor du wieder anfängst zu husten, du Schwachmat!«

Aber natürlich kam niemand heraus.
»Na gut, dann komm ich eben rein!«
Pöbelmän umschloss den Türknopf mit seiner Pranke und atmete tief durch. Dann stieß er einen kehligen Karate-Schrei aus und riss die Tür auf.
Er starrte ins Leere.
»Sehen Sie! Sag ich doch: niemand drin …« Jennifer versuchte zu lächeln.
Pöbelmän verzog keine Miene. Er schaute Jennifer nachdenklich an. Plötzlich jedoch bogen sich seine

Mundwinkel nach oben und er begann laut und dröhnend zu lachen. »Okay, Angstmännchen, du willst spielen?«, rief er in den Raum, zog ein Tuch aus der Tasche und band es sich um die Augen. »Also spielen wir! Wo könntest du sein?«
Beide Arme wie beim Blinde-Kuh-Spielen ausgestreckt, taperte er scheinbar orientierungslos durchs

Zimmer. »Na, wo isser denn, der kleine Schrankhocker?«
Er rammte den Tisch, stolperte über das Sofa, stand kichernd wieder auf, trat gegen das Telefontischchen und stieß schließlich gegen die Kommode. »Nanu, was haben wir denn hier?« Langsam ging er in die Knie und befühlte das Hindernis ganz behutsam von allen Seiten. Er rückte es sogar ein wenig von der Wand ab. »Hm ... das scheint mir doch ein kleiner Schrank zu sein. Und ich kenne doch deine Vorliebe für Schränke!«
Jennifer zwängte sich zwischen Pöbelmän und Angstmäns Versteck. »Entschuldigung«, sagte sie, »aber das ist kein ... Schrank ... das ist eine ... Kommode!«
Pöbelmän stand auf, schob das Tuch hoch und schaute auf Jennifer herab. »Für dich vielleicht, Engelchen. Für den Feigling ist es ein kleiner Schrank, in dem er sich verstecken kann. Weg da!«

Jennifer ging zur Seite und Pöbelmän bückte sich, um die Kommode zu öffnen. Jennifer nahm ihren ganzen Mut zusammen und tippte ihm von hinten auf die Schulter.
Pöbelmän versteinerte. Ganz langsam, wie in Zeit-

lupe, drehte er sich um. »Hast du mich eben angefasst?«
Jennifer schüttelte den Kopf, dann nickte sie, dann schüttelte sie wieder den Kopf. »Nein ... ja ... nein ... Ich meine, Entschuldigung, aber Sie müssen sich irren. In die Kommode passt doch gar keiner rein. Die ist nämlich ...«
Wenn ihr doch jetzt nur eine Ausrede einfiele! Ihr Gehirn ratterte, rauchte und quietschte. Was um Himmels willen war mit der Kommode?
»Genau!« Jetzt hatte sie's. »Die Kommode ist innen viel kleiner, als sie von außen aussieht!«
»Was du nicht sagst!« Pöbelmän stupste Jennifer mit dem Zeigefinger gegen die Brust. Es fühlte sich an wie ein Faustschlag. Sie wich einen Meter zurück. Pöbelmän folgte ihr. Er stupste sie wieder. Sie redete weiter: »Ja wirklich! Das ist eine ... eine ... Täuschung ... eine ... Optiker-Täuschung. Das hatten wir neulich in der Schule. Das gibt's auch in der Wüste. Da heißt das Fata Morgana und ...«
Und während sie drauflosplapperte, um Pöbelmän abzulenken, öffnete sich hinter seinem Rücken die Kommode. Angstmän schaute ratlos heraus. Jennifer versuchte ihm unauffällig Handzeichen zu geben. Er musste unbedingt das Versteck wechseln!!!

Angstmän verstand und kroch auf allen vieren aus der Kommode heraus, schloss die Tür und verschwand hinter dem Sofa.

Pöbelmän legte Jennifer den Finger auf den Mund. Sie hörte auf zu reden. »Damit eins klar ist, du Plappermaul«, sagte er, »du fasst mich nie wieder an. Verstanden?«

»Verstanden!«

»Und jetzt will ich nicht mehr gestört werden! Oder soll ich dir wirklich noch 'n Bein brechen?«

Jennifer hob ihre Hände, als habe sie jemand mit einem Revolver bedroht. »Nein, bitte nicht.«

»Braves Mädchen.« Pöbelmän strich ihr eine Haarsträhne aus dem Gesicht, dann drehte er sich um, ging zur Kommode und öffnete sie.

Als er sah, dass auch sie leer war, hatte Jennifer einen kurzen Moment lang Angst, er würde platzen. Sein Gesicht wurde fast lila. Er brüllte: »Sagt mal, ihr haltet mich wohl für bescheuert, oder was?! Aber gut, viele Möglichkeiten gibt's ja nicht mehr!«

Er zeigte auf das Sofa und stampfte drauflos. »Wollen wir wetten, dass er dahinter liegt und sich in die Hosen macht?«

»ANGSTMÄN! HAU AB!«, schrie Jennifer.

Angstmän kam hinter dem Sofa hoch, schaute Pöbelmän an und schüttelte flehend den Kopf. Pöbelmän ging in die Knie und sprang ab. Jennifer konnte gar nicht glauben, dass sich dieser Fleischberg tatsächlich in die Luft erhob. »Aus dem Fenster in meinem Zimmer!«, brüllte sie Angstmän zu.

Angstmän rannte weg und Pöbelmän fiel ins Leere. Er krachte auf den Boden und Jennifer dachte: »So

muss sich ein Erdbeben anfühlen.« Pöbelmän stand sofort wieder auf und walzte hinter Angstmän her. Jennifer war klar, dass sie jetzt blitzschnell etwas unternehmen musste. Ohne zu zögern spurtete sie los und grätschte Pöbelmän in den Lauf. Hätte sie das in einem Fußballspiel gemacht, hätte ihr jeder Schiedsrichter der Welt die rote Karte gezeigt. Pöbelmän knallte mit dem Kopf gegen die Wand. Er stöhnte. Fast gleichzeitig hörte Jennifer aus ihrem Zimmer einen erst lauten, dann leiser werdenden Schrei und zum Abschluss ein gedämpftes Krachen. Angstmän war offenbar wirklich aus dem Fenster gesprungen.

Von unten drang wieder Wagenbergs unvermeidliches Geklopfe und Geschrei durch den Fußboden. »RUHE, IHR VERBRECHER!«

Pöbelmän rappelte sich auf und taumelte benommen in Jennifers Zimmer. Als er zurückkam, hielt er sich seinen schmerzenden Kopf und sah auch ansonsten nicht besonders gut gelaunt aus. »Wo ist die Küche?«, schnauzte er Jennifer an.

Sie führte ihn hin. Pöbelmän öffnete das Gefrierfach des Kühlschranks und nahm den Behälter mit den Eiswürfeln heraus. Er griff sich ein Geschirrtuch, klopfte die Eiswürfel hinein, drehte das Tuch zu einer Art Beutel zusammen und hielt sich die so hergestellte Eispackung mit einer Hand an die Stirn. Mit der anderen zog er Jennifer am Arm zurück ins Wohnzimmer. Dort stellte er einen Stuhl in die Mitte des Raumes und befahl ihr sich zu setzen. Jennifer betrachtete den Stuhl und überlegte, ob sie versuchen sollte ihn Pöbelmän an den Kopf zu schmeißen, in ihr Zimmer zu rennen und dann ... ja, was dann ... auch aus dem Fenster zu springen?

Sie setzte sich hin.

Pöbelmän sprach jetzt ganz ruhig. »So, Mädel, was jetzt passiert, hast du dir selbst zuzuschreiben! Ich war hinter *ihm* her und nicht hinter *dir*! Aber was würdest du an meiner Stelle machen? Soll ich jetzt einfach wieder nach Hause fliegen?«

Er drehte sich suchend einmal um sich selbst. »Wo ist eigentlich mein Koffer? Ich hatte doch 'n Koffer dabei ... Oder nicht?«

»Ich hab keinen Koffer gesehen«, antwortete Jennifer vorsichtig.

»Echt nicht? Och nee, Mist! Dann ist das Ding wahrscheinlich wieder im intergalaktischen Transitkanal verloren gegangen!« Er zog ein Gerät aus der Tasche, das aussah wie Angstmäns Teleporter, nur dop-

pelt so groß. Pöbelmän gab eine lange Zahlenkombination ein. »Kleinen Moment, ich hab's gleich!«
Jennifer hörte ein Brummen und Sirren, während direkt vor ihr etwas Gestalt annahm. Zunächst noch sehr verschwommen, dann immer schärfer und deutlicher werdend: ein schwarzer, nietenbesetzter Lederkoffer.
»So, jetzt aber Butter bei die Fische!« Er öffnete den Koffer und holte ein dickes, grobes Seil heraus. Er begann Jennifer auf den Stuhl zu fesseln.
Jennifer protestierte: »Aber ich hab doch gar nichts getan!«
»Keine Angst«, sagte Pöbelmän. »Ich werde dich nicht sofort verdampfen. Ich lasse mir gerne ein bisschen Zeit.«
Er machte einen Knoten und zog ihn in aller Ruhe fest. Dann schaute er Jennifer in die Augen. »Weißt du, es gibt Typen, die sind so primitiv, die kommen einfach rein, ballern dir eine und gehen wieder, aber das ist nicht mein Stil. Ich hab's gerne ein bisschen gepflegter. Eine mehrstündige Folter, wie ich sie für dich vorgesehen habe, erfordert viel Geduld und Fingerspitzengefühl.«
»Du willst mich foltern?« Jennifer merkte, wie ihr schwindelig wurde.

»Korrekt, und zwar in vier Stufen. Stufe 1: die Ekelfolter!«

Er holte mehrere verschieden große Gläser mit Schraubverschlüssen aus seinem Koffer. Sie waren mit einer grünlich-braunen, teils bröckeligen, teils matschigen Substanz gefüllt.

»Weißt du, was das ist?«, fragte Pöbelmän.

Jennifer schüttelte den Kopf.

»Schau es dir mal genauer an!« Pöbelmän nahm eins der Gläser, schraubte es auf und hielt es Jennifer direkt vors Gesicht. Unwillig warf sie einen Blick hinein. »Vielleicht getrocknete Knetekrümel?«, fragte sie.

Pöbelmän griff in das Glas, holte einen der Krümel heraus und steckte ihn in den Mund. Er schmatzte genüsslich.

»Mhmmmmm, lecker!!!!« Er stellte das Glas zurück zu den anderen und sagte stolz: »Voilà, das isse: Pöbelmäns pangalaktische Popelsammlung!«

»Iiiihhhh!!! Das ist ja widerlich!« Jennifer machte ein Gesicht, als sei sie grade in einen Hundehaufen getreten.

Pöbelmän schaute sie mitleidig an. »Es ist doch immer wieder das Gleiche: Was der Bauer nicht kennt, das frisst er nicht! Bist du dir eigentlich bewusst, dass ich die größte und schmackhafteste Popelsammlung des ganzen Universums besitze? Begonnen habe ich damit, als ich noch ein Kind war. Immer wenn mir in der Schule langweilig war, habe ich gepopelt.« Er hielt ein voll gepopeltes Saure-Gurken-Glas hoch. »Das ist mein Ertrag aus der fünften Klasse. Ursprünglich gab's davon noch ein zweites Glas, aber der Jahrgang war einfach zu lecker. Da musste ich immer wieder naschen!«

Jennifer hatte das Gefühl, sich übergeben zu müssen. Pöbelmän dagegen war in seinem Element. Er öffnete drei weitere Gläser.

»Hier, die Popel in diesem Glas habe ich alle kurz vorm Schlafengehen herausgeholt – ich nenne sie meine Gute-Nacht-Popel … Und dieses Glas ist ausschließlich mit U-Bahn-Popeln gefüllt … Und das hier sind meine feuchten Original-Hochsommer-Heuschnupfen-Popel!«

Aus jedem der erwähnten Gläser nahm er einen Popel und aß ihn. Jennifer schloss die Augen.

»Moment!« Pöbelmän griff in seinen Koffer und holte ein dickes Buch hervor. »Das ist mein Sammelalbum mit ungewöhnlich großen und formvollendeten Fremdpopeln.« Er klappte es auf und blätterte darin, im Gesicht ein träumerisches Lächeln. »Schau mal«, er hielt Jennifer das Album hin, »den habe ich auf einem Kindergeburtstag gefunden. Ist er nicht schön?«

»Ich will das nicht sehen!«, sagte Jennifer und kniff die Augen noch doller zusammen.

Pöbelmän schwelgte in seinen Erinnerungen: »Ich weiß noch, ich muss ungefähr sieben gewesen sein und war mal wieder gar nicht eingeladen. Ich bin aber trotzdem hingegangen. Ich habe die ganze Torte aufgegessen, aber mein Magen knurrte immer noch. Da sah ich diesen leckeren Superpopel in der Nase eines Mädchens, das in der anderen Ecke des Zimmers stand. Er war so groß und glänzend, dass ich nicht widerstehen konnte. Ich sprang los, quer durch den Raum, und riss ihr den Popel heraus. Aber als ich ihn in den Mund stecken wollte, konnte ich es nicht. Ich spürte, dieser Popel war etwas Besonderes. Ich nannte ihn ›Arthur‹ und klebte ihn in dieses Album.«

»Ich höre überhaupt nicht zu!« Jennifer begann leise vor sich hin zu summen.

Pöbelmän ignorierte Jennifers Verhalten und blätterte weiter. »Oder dieser hier: Der heißt ›Stinki‹ – den habe ich aus der Nase meines Onkels Stinkemän. Wir waren zusammen zelten und Stinkemän hat so furchtbar geschnarcht, dass ich nicht einschlafen konnte. Irgendwann habe ich ihm dann meinen Finger in seine Nase gesteckt, eigentlich nur, um ihn am Schnarchen zu hindern. Aber dabei habe ich diesen Schlingel gefunden.«

Er zwickte Jennifer in den Arm.

»Aua!« Sie hörte auf zu summen.

Pöbelmän schaute sie fast zärtlich an. »Weißt du was? Weißt du, wie großzügig ich bin? Ich würde dir tatsächlich die Gunst erweisen, dich ein kleines Stück von Stinki probieren zu lassen. Möchtest du?«

»NEIN!«

»Och, komm, das ist wirklich eine Ehre!« Pöbelmän nahm den Popel aus dem Album und hielt ihn Jennifer vor den Mund. Jennifer versuchte zu strampeln, aber sie war so fest an den Stuhl gefesselt, dass sie ihn nur ein bisschen zum Wackeln brachte. Pöbelmän leckte den Popel an und wollte ihn ihr grade auf die Unterlippe kleben, da klingelte es.

Pöbelmän hielt Jennifer den Mund zu. »Erwartest du jemand?«

Jennifer nickte heftig, obwohl sie natürlich niemanden erwartete. Ihre Mutter war im Krankenhaus, ihr Vater in München – und ihre Freunde besuchten sie nicht zur Schlafenszeit. Sie hatte keine Ahnung, wer da klingelte. Aber in diesem Moment hätte sie sich über jeden gefreut. Sogar über Herrn Wagenberg.

Aber Pöbelmän bemerkte natürlich, dass sie log.

»Netter Versuch«, flüsterte er ihr ins Ohr. »Aber wir tun einfach, als wären wir nicht da!« Es klingelte wieder. Jennifer schaute Pöbelmän an. Der schüttelte den Kopf. Es klingelte ein drittes Mal. Und ein viertes. Jetzt wurde Pöbelmän langsam sauer. Es klingelte weiter. Sturmklingeln. Klingelalarm. »Jetzt hab ich aber die Faxen dicke!«, brüllte Pöbelmän. Er nahm den Schlüssel vom Hals, stampfte zur Wohnungstür und schloss sie auf. Er tippte auf die Klinke, die Tür öffnete sich. Jennifer konnte nicht sehen, wer im Hausflur stand. Sie hörte nur, wie Pöbelmän sagte: »Ach was? Wen haben wir denn da? Hereinspaziert, der Herr!«

Pöbelmän machte einen Schritt zur Seite und ein ziemlich übel zugerichteter Angstmän humpelte herein. Er hatte ein Gipsbein, einen Gipsarm, einen dicken Kopfverband und beim Gehen stützte er sich auf eine Krücke. Er warf der gefesselten Jennifer ein entschuldigendes Lächeln zu und sagte mit brüchiger Stimme: »Ich bring das alles wieder in Ordnung!«

Pöbelmän nahm Angstmän lächelnd die Krücke weg, zerbrach sie über seinem Knie und gab sie ihm zurück. Er tätschelte ihm die Wangen. »Na, da bin ich aber gespannt. Dann leg mal los!«

»Mann, hau ab«, rief Jennifer, »der Typ ist wahnsinnig, der hat mir eben seine Popelsammlung gezeigt!«

Angstmän blitzte Pöbelmän böse an. Er schien die Sammlung zu kennen. »Die Popel? Du bist echt ein Super-Fiesling!«

Pöbelmän grinste und steckte sich ›Stinki‹, der ja immer noch auf seinem Zeigefinger klebte, in den

Mund. Kauend sagte er: »Danke für das Kompliment! Aber jetzt komm endlich zur Sache. Ich möchte mit Stufe 2 weitermachen. Du weißt schon, mit der Witze-Folter!«
»O nein, nicht die Witze!« Angstmän sank vor Pöbelmän auf die Knie. »Also pass auf: Hier bin ich! Du kannst mit mir machen, was du willst, hauen, schubsen, mit Popeln füttern ... meinetwegen auch total unwitzige Witze erzählen, aber lass bitte Jennifermän in Ruhe!«
»Und warum sollte ich das?«
Pöbelmän bohrte sich mit einem seiner Handschuhstacheln in den Zähnen herum. Anscheinend war ›Stinki‹ irgendwo hängen geblieben.
»Weil sie mit der ganzen Sache nichts zu tun hat! Du bist doch hinter mir her. Lass sie einfach gehen ...«
Pöbelmän antwortete nicht gleich. Er tat so, als würde er angestrengt nachdenken. Dann schüttelte er den Kopf: »Nee, nee, das gefällt mir nicht ... Ich hab jetzt schon so viel in sie investiert. Das wäre doch alles verschwendet.«
»Ja, aber dafür hast du doch mich ...«, flehte ihn Angstmän an.
»Das stimmt auch wieder!« Pöbelmän ging lang-

sam zum Esstisch, nahm einen zweiten Stuhl und stellte ihn Rückenlehne-an-Rückenlehne neben Jennifers Stuhl. Dann holte er ein zweites Seil aus seinem Koffer und wies Angstmän freundlich an, Platz zu nehmen. Angstmän tat es zögernd. »Ja, aber willst du sie nicht erst mal freilassen?«

Pöbelmän begann ihn zu fesseln. »Nö, wieso? Ich hab eine viel bessere Idee!«

Jennifer und Angstmän schauten ihn fragend an.

Pöbelmän grinste. »Ich nehm euch beide! Eine Doppelfolter – das hatte ich bis jetzt auch noch nicht!«

»Aber ... aber das ist doch nicht fair!«, stammelte Angstmän.

Pöbelmän lachte grunzend. »Fair? So weit kommt's noch! Was glaubst du eigentlich, wo wir hier sind? Bei der Jahrestagung der Gerechtigkeitsliga? Pass schön auf, für dich hab ich mir einen besonders hundsgemeinen Fesselknoten ausgedacht: den dreifachen Gurgelschnürer!«

Er zog das Seil fest und Angstmän stieß einen überraschten Schrei aus, der aber sofort abgewürgt wurde – der »Gurgelschnürer« tat nicht nur weh, Angstmän bekam auch fast keine Luft mehr.

Angstmän brüllte: »Aua, mein Hals ...«
Jennifer brüllte: »Lass ihn los!«
Angstmän brüllte: »Ich ersticke ...«
Jennifer brüllte: »Hör endlich auf!«

Aber Pöbelmän hörte nicht auf. Er knotete seelenruhig weiter. Jennifer schaute nach oben, und in diesem Moment löste sich von Pöbelmäns fünffachem Doppelkinn ein großer Schweißtropfen und fiel ihr mitten ins Gesicht.
»Iiiiiihhhhh«, schrie sie, »das ist ja ekelhaft!«
Vielleicht war es der Schweißtropfen, der das Fass zum Überlaufen brachte, vielleicht machte aber auch die Sorge um Angstmän Jennifer mit einem Mal so furchtlos. Auf alle Fälle hörte Jennifer sich plötzlich brüllen: »Jetzt reicht's, lass uns endlich in Ruhe, du ... du ... **FETTSACK!**«
Angstmän hörte auf zu wimmern und Pöbelmän erstarrte mitten in der Bewegung. Er ließ das Seil los und packte Jennifer am Kinn.
»Was hast du gesagt?«
»Gar nichts, sie hat gar nichts gesagt!«, versuchte Angstmän zu beschwichtigen.
Pöbelmän gab Angstmän eine Kopfnuss. »Du hältst die Klappe!« Dann wandte er sich wieder Jennifer

zu: »Niemand nennt mich einen Fettsack! Ist das klar!«

Jennifer hatte das Gefühl, dass sie jetzt nicht mehr zurückkonnte. »Du bist aber einer!«, sagte sie trotzig. »Ein feiger Fettsack, der sich nur an Schwächeren vergreift!«

Wieder schaltete sich Angstmän ein: »Bist du verrückt? Du machst ihn nur noch wütender …«

Pöbelmän gab ihm eine weitere Kopfnuss und sagte zu Jennifer: »Du solltest auf deinen Freund hören!«

Aber Jennifer kam jetzt erst richtig in Fahrt. Sie hatte den Ball angenommen, jetzt musste sie mit ihm auch bis in den Strafraum stürmen und den Torschuss wagen. Sie zischte: »Willst du nicht noch irgendwas in dich reinstopfen, damit du noch fetter wirst.«

»Das kannst du gerne haben!«, antwortete Pöbelmän und schaute sich mit gierigem Blick um: die Pizza! Er hob den Karton auf, legte seinen Kopf in den Nacken, öffnete seinen geräumigen Mund und ließ sich die vorhin verschmähte Restpizza als ganzes Stück hineingleiten. Er kaute ein paar Mal und schluckte sie dann mit einem lauten »GLUCK« herunter. Dann rülpste er zum Betonerweichen. »Und weißt du was? Mit jeder Pizza, mit jedem Schweinebraten, mit jedem Doppelcheeseburger werde ich immer noch ein bisschen böser, ein bisschen gemeiner, ein bisschen brutaler!«

»Quatsch«, sagte Jennifer, »davon wirst du nur immer fetter, mit jeder Pizza, jedem Burger kriegst du nur einen Speckring mehr. Wie viel Doppelkinne willst du dir denn noch zulegen? Dein Hals ist ja jetzt schon dicker als … als … ein Elefantenoberschenkel!«

»VORSICHT!« Pöbelmän packte Jennifer an den Haaren und hielt ihr drohend seine stachelige Faust unter die Nase.

Aber an seinem flackernden Blick konnte Jennifer erkennen, dass irgendetwas mit ihm passierte. Er wurde unsicher. Sie fixierte ihn und fragte kalt: »Lässt du dir die Klamotten eigentlich von deiner dicken Mutter nähen oder klaust du nachts Zelte vom Campingplatz?«

Pöbelmän zog ihren Kopf an den Haaren nach hinten. »Jetzt reicht's! Halt endlich den Mund!«, brüllte er.

»Oder was? Setzt du dich sonst mit deinem dicken Hintern auf mein Gesicht, du fette Mettwurst?«

Das war zu viel! Pöbelmän ließ Jennifer los und

pumpte sich vor ihr auf wie ein Bodybuilder im Wettkampf. Dann brüllte er wie ein angeschossener Gorilla und rannte durchs Zimmer. Mit voller Wucht sprang er gegen den Bauernschrank.

»O nein«, dachte Jennifer, »jetzt ist er hin!« Sie wusste nicht genau, ob sie damit den Schrank oder Pöbelmän meinte. Es hatte so laut gekracht, dass sie sich wunderte, warum Herr Wagenberg nicht wieder klopfte. Aber wahrscheinlich war der inzwischen ins Bett gegangen und hatte sich die Ohren mit Ohropax zugestopft.

Der Schrank hielt. Pöbelmän hockte auf dem Boden, weinte und schlug seinen Kopf auf die Dielen. Dann richtete er sich auf, schaute Jennifer an und schluchzte irgendetwas Unverständliches.

»Wie bitte?«, fragte sie.

Pöbelmän wischte sich die Tränen ab und wiederholte, diesmal etwas deutlicher: »Das war echt fies!« Dann ließ er den Kopf wieder sinken und weinte weiter.

Angstmän hatte sich in den letzten Minuten tot gestellt, aber der tränenüberströmte Pöbelmän erweckte ihn wieder zum Leben.

»Jennifer!«, flüsterte er. »Das gibt's doch nicht, der heult ja!«

»So ist er wenigstens abgelenkt. Wir müssen irgendwie versuchen uns loszubinden ...« Jennifer ruckelte hin und her, aber sie war einfach zu perfekt gefesselt, als dass sie das Seil irgendwie hätte lockern können. Pöbelmän war eben ein richtiger Fachmann. Mit Angstmän war er allerdings nicht ganz fertig geworden. Dem gelang es mit einigen Verrenkungen, das nicht verknotete, lose Seilende irgendwie mit dem Mund zu erreichen und draufzubeißen. Mit einem energischen Kopfruck löste sich erst der Gurgelschnürer und dann das gesamte Seil. Angstmän stand auf und band Jennifer los. Sie stöhnte und rieb sich die Handgelenke.

Pöbelmän bemerkte davon nichts. Er lag immer noch auf dem Boden und weinte leise vor sich hin.

»Und was machen wir jetzt mit dem?«, fragte Angstmän. »Ich meine, wir können den doch nicht einfach so liegen lassen.«

Jennifer zuckte mit den Schultern.

Angstmän machte einen Schritt auf Pöbelmän zu, aber Jennifer hielt ihn an seinem Umhang fest. »Angstmän! Nein!«

»Ist schon okay. Ich bin vorsichtig.« Aus sicherer Entfernung fragte er: »Können wir dir … vielleicht irgendwie helfen?«

»Lass mich in Ruhe!«, wimmerte Pöbelmän. Dann hob er den Kopf und zeigte auf Jennifer. »Und vor allem *die* soll mich in Ruhe lassen! Die ist genau wie die anderen … früher. Was glaubt ihr eigentlich, wie oft ich mir diese Sprüche anhören musste: ›Ey, Dicker, komm mal rüber, ich will nicht mehr leben, kannste dich mal auf mich draufsetzen!‹ Oder die Durchsagen, die der Bademeister im Schwimmbad immer gemacht hat, wenn ich auf dem Dreier stand: ›Achtung, Achtung! Arschbombe im Anflug! Wer nicht zermatscht werden möchte, verlässt jetzt bitte das Becken!‹«

Jennifer musste grinsen, aber Angstmän warf ihr einen strafenden Blick zu. Er setzte sich mit einigem Abstand neben Pöbelmän auf den Boden. »Aber … deswegen musst du doch *jetzt* nicht mehr heulen«, sagte er.

Pöbelmän wischte sich seine verrotzte Nase am Ärmel ab. »Du hast gut reden. Du bist ja nicht dick. Du musstest ja keine Angst haben, jeden Morgen in der Schule mit ›Na, Schweinebacke‹ begrüßt zu werden.«

»Nee«, sagte Angstmän, »aber ich hatte wegen anderer Sachen Angst.«

Pöbelmän schaute auf die Lücke, die Angstmän zwischen ihnen beiden gelassen hatte. »In der Schule wollte auch niemand neben mir sitzen, weil ich angeblich gestunken habe.«

Angstmän zögerte, nahm sich dann aber ein Herz und rückte ein Stückchen näher. Obwohl man ihm ansah, dass er immer noch eine gehörige Portion Angst hatte. »Ich dachte, niemand wollte neben dir sitzen, weil du so fies und brutal warst.«

Pöbelmän winkte ab. »Ach, das kam doch erst viel später. Nachdem ich mich irgendwann wirklich mal auf einen draufgesetzt hatte. Eigentlich aus Versehen. Ich wurde in der großen Pause angerempelt, und da habe ich das Gleichgewicht verloren und bin nach hinten weggekippt. Dummerweise stand da ausgerechnet dieser Typ, der mich immer am meisten geärgert hat – du kennst ihn wahrscheinlich als ›Hinkemän‹, aber so hieß er erst nach dem Unfall.«

»Du meinst, du hast dich …«, fragte Jennifer dazwischen.

»… platsch, mitten auf ihn draufgesetzt hab ich mich«, sagte Pöbelmän. »Und alle sind zur Seite gesprungen und haben geschrien. Und nachdem mich dann fünf Lehrer von Hinkemän runtergehoben hatten, haben sie ihn ins Krankenhaus gebracht. Als er dann nach drei Wochen wieder in die Schule kam, wollte ich mich bei ihm entschuldigen, aber der musste ja schon heulen, wenn er mich nur gesehen hat. Äh … hat mal jemand 'n Taschentuch?«

Jennifer holte eine Packung Papiertaschentücher und gab ihm eins.

»Und was haben die anderen gemacht?«

»Moment!«, sagte Pöbelmän. »Ohren zuhalten!«

Jennifer schaute Angstmän fragend an, der nickte. Er schien zu wissen, was gleich passieren würde. Also hielten sich beide die Ohren zu und Pöbelmän putzte sich die Nase. Es hörte sich an, als ob ein Elefant beim Trompeten explodierte. Dann knüllte er das Taschentuch zusammen, stopfte es in den Ärmel seines Trikots und nickte Angstmän und Jennifer zu. Vorsichtig nahmen sie die Hände wieder von den Ohren.

»'tschuldigung«, schniefte Pöbelmän. »Wo waren wir stehen geblieben? Was wolltest du wissen?«

Jennifer wiederholte ihre Frage: »Was haben die anderen denn gemacht … Ich meine, nach der Geschichte mit diesem ›Hinkemän‹?«

»Die hatten einen Schock! Weißt du, was das für ein Anblick ist, wenn ich mich auf jemanden draufsetze? Aber dann hab ich gemerkt, dass keiner mehr ›Schweinegesicht‹ oder ›Kalorienbombe‹ zu mir gesagt hat. Das war schön. Und außerdem kam dann ja irgendwann der da.« Er zeigte auf Angstmän. »Da hatten sie einen anderen zum Auslachen, und ich konnte jeden Tag ohne Risiko beweisen, was für 'n fieser Sack ich war.«

»Wie bitte?« Angstmän schien ein Licht aufzugehen. Er war extrem empört. »Du hast mich nur gequält, damit keiner mehr ›Fettsack‹ zu dir sagt?«

Pöbelmän kam mit seinem Gesicht ganz nah an Angstmäns Gesicht heran. Ihre Nasen berührten sich fast. Angstmän konnte Pöbelmäns Pizza-Atem riechen. Mit seiner tiefen, gemeinen Folterstimme fragte das derangierte Superhelden-Schwein: »Wenn du mich gesehen hast, was hast du da gedacht?«

Angstmän begann augenblicklich wieder zu schwitzen. »Ich weiß nicht …«, antwortete er zögernd. »Ich hab gedacht, hoffentlich haut der mich nicht.«

Und genau das dachte er in diesem Moment auch wieder, denn Pöbelmän hob seine Hand und knurrte wie ein hungriger Wolf – aber er gab Angstmän nur einen kleinen Klaps auf die Wange und grinste. »Eben! Darum geht's! Du hast nicht gedacht: O Mann, ist der *fett*! Du hast gedacht: O Mann, ist der *fies*!«

Pöbelmän stand auf und zog sein Trikot zurecht, das ihm hinten etwas in die Po-Ritze gerutscht war. Er musste es richtig herauszutzeln. Jennifer und Angstmän schauten auf den Boden. »Mist, der blöde Anzug ist auch schon wieder zu eng«, grummelte Pöbelmän. Dann begann er seine Sachen zusammenzusuchen. »So, jetzt wird's aber Zeit!« Er wickelte die Fesselseile ordentlich auf, schraubte die Popelgläser zu und verstaute alles in seinem Koffer. Plötzlich bemerkte er den Teller mit den Leberwurstbroten. »Kann ich die haben? Ich weiß ja nicht, wann ich wieder was kriege.«

»Klar«, sagte Jennifer.

Pöbelmän stapelte die vier Schnitten übereinander und steckte sie sich auf einmal in den Mund. »Mhm, lecker, mit Fettplocken!«, sagte er und schmatzte laut.

Dann nahm er das Milchglas und trank es in einem Zug aus. Er stellte es ab und nahm den Koffer in die Hand.

»Und ... wohin willst du jetzt?«, fragte Jennifer.

»Keine Ahnung«, antwortete Pöbelmän. »Zurück kann ich ja nicht mehr. Wenn das hier rauskommt, kann ich mich zu Hause nicht mehr blicken lassen. Und man weiß ja, wie's im Universum ist: Weiß es einer, wissen's alle!«

»Äh ... und ...« Angstmän schien etwas sagen zu wollen, traute sich aber offensichtlich nicht.

»Ja?« Pöbelmän sah ihn erwartungsvoll an.

Angstmän spielte verlegen mit seinen Fingern. »Und ... wenn ...« Er brach wieder ab.

»Was denn nun?« Pöbelmän schaute auf seine Armbanduhr. »Ich hab nicht den ganzen Tag Zeit!«

Angstmän nahm seinen ganzen Mut zusammen. »Ich meine nur ... wenn du willst, dann könnten

wir doch … vielleicht … eventuell zusammen losziehen. Ich weiß doch auch nicht wohin.«
Pöbelmän machte einen Schritt auf Angstmän zu.
»Und du hättest keine Angst mehr, dass ich dich haue?«
»Würdest du denn?«
Pöbelmän überlegte. »Na ja, versprechen kann ich natürlich nichts …« Sein Blick fiel auf die zugenagelten Fenster. »Nur mal nebenbei: Was soll das eigentlich?«
»Angstmän meinte, damit könnten wir dich daran hindern, reinzukommen«, erklärte Jennifer.
»Ihr seid wirklich putzig!« Pöbelmän zog die Nägel mit der bloßen Hand heraus, so, als seien sie Stecknadeln auf einer Pinnwand. Die Bretter fielen auf den Boden. »Hoppla! Ich nehme an, die gehören ins Regal da drüben?«
Jennifer nickte.
Pöbelmän ging zum Bücherregal und legte die Bretter wieder hinein. »Einräumen musst du selber. Da hat ja jeder seine eigene Ordnung.« Dann räusperte er sich und sagte zu Angstmän: »Und nehmen wir mal an, wir würden wirklich zusammen … Wo soll's denn hingehen?«
»Hast du schon mal von Trafalmore 5 gehört?«

»Nö«, sagte Pöbelmän und zuckte mit den Schultern.
»Das soll ein ganz toller Planet sein«, begann Angstmän begeistert zu erzählen. »Da gibt's keine Ecken, an denen man sich stoßen kann, da ist alles rund: die Häuser, die Tische, die Fußballfelder. Und alle Straßen sind aus Schaumgummi: Wenn man da hinfällt, dann tut man sich überhaupt nicht weh.«
Pöbelmän grinste. »Da könntest ja sogar du fliegen lernen!«
Angstmän machte eine abwehrende Handbewegung. »Na ja, vielleicht ... Aber was noch viel besser ist: Die Leute da sind alle Formwandler. Die verändern jeden Tag ihr Aussehen: Die sind mal groß, mal klein, mal rund, mal viereckig, mal dick, mal dünn – je nach Laune. Da fällst du überhaupt nicht auf!«
»Tatsache?« Diese Aussicht schien Pöbelmän zu reizen.
»Tatsache!«, bestätigte Angstmän.
Pöbelmän wandte sich Jennifer zu. »Äh ... wie war dein Name noch mal?«
Sie antwortete: »Jennifer ... män. Genau, ich heiße Jennifermän!« Fast hätte sie vergessen, dass sie ja auch ein Superheld war.

Er runzelte nachdenklich die Stirn, aber Jennifer kam ihm zuvor: »Ich komme aus Braunschweig, das ist östlich von Beteigeuze!«
»Ach so«, sagte Pöbelmän, »da war ich noch nie.« Er hielt ihr seine Hand hin. »Also, Jennifermän: Nix für ungut. War nett, dich kennen gelernt zu haben. Und ... sorry wegen der Popel vorhin.«
Jennifer legte ihre kleine Hand in seine Bärentatze. »Schon vergessen.« Sie hatte das Gefühl, noch etwas Freundliches sagen zu müssen. Nein, sie *wollte* noch etwas Freundliches sagen. »Übrigens, ich finde es eigentlich gar nicht schlimm, dass du so 'n Klops bist!« Das war noch nicht mal gelogen. Ihr Vater war auch ganz schön aufgemopst, seit er nicht mehr im Fußballverein war, und den hatte sie ja auch noch gern. Sie fand ihn seitdem sogar viel kuscheliger.
Pöbelmän lächelte verlegen und stieß Angstmän mit dem Ellenbogen in die Seite. »Na los, sag deiner reizenden kleinen Freundin Auf Wiedersehen, und dann verfatzen wir uns!«
Angstmän machte ein ungläubiges Gesicht. »Echt, du willst wirklich mit mir ...«
»Mach hin«, stöhnte Pöbelmän, »bevor ich es mir anders überlege.«

Angstmän fiel Pöbelmän um den Hals. Der schüttelte den dankbaren Schisshasen ab. »Na, na, jetzt wollen wir mal nicht übertreiben!«

»Natürlich ... tut mir Leid!«, entschuldigte sich Angstmän.

»Mich darfst du ruhig in den Arm nehmen«, sagte Jennifer. Und das tat Angstmän dann auch. Jennifer flüsterte ihm ins Ohr: »Und wenn der Kerl wieder gemein wird, dann frag ihn einfach, was für eine BH-Größe er hat. Dann beruhigt er sich schon wieder!«

Die beiden kicherten.

»Ist was?«, fragte Pöbelmän.

»Nö, was soll sein?«, antworteten Jennifer und Angstmän im Chor.

»Dann machen wir uns jetzt mal vom Acker!« Pöbelmän zeigte auf den Schrank. »Ich würde sagen, wir gehen da durch!« Er öffnete die Schranktür.

»Moment!« Angstmän blieb vor der Tür stehen. »Es gibt da noch ein kleines Problem: Mein Teleporter ist leider im Eimer.«

Pöbelmän schubste ihn mit einer Fingerbewegung in den Schrank und stieg selbst hinterher. »Das ist doch kein Problem! Ich hab einen Mega-Teleporter, der trägt bis zu 1000 Kilo. Man weiß ja nie, ob man nicht doch noch mal das eine oder andere Gramm zunimmt.« Er schloss die Tür. Jennifer hörte ihn noch rufen: »Zurücktreten, bitte!«, da begann der Schrank auch schon zu leuchten wie eine Adventslaterne. Nebel drang durch das Schlüsselloch und ein hoher flirrender Summton erfüllte den Raum. Schließlich knallte es und das Licht im Schrank erlosch.

Jennifer wartete einen Moment und öffnete dann vorsichtig die Tür.

Der Schrank war leer.

»Tschüüs ...«, sagte Jennifer leise.

Sie hatte einen dicken Kloß im Hals. Als sie merkte, dass ihre Augen feucht wurden, nahm sie sich schnell ein Taschentuch und schnäuzte, so laut sie konnte, hinein. »Diese Doofköppe ...«, sagte sie, »... die hätten mir ja wenigstens 'ne Handynummer geben können«, obwohl ihr natürlich klar war, dass man sich mit Superhelden nicht einfach mal so nachmittags zum Spielen verabredete. Aber schade war's schon.

Sie ging zum Sofa und setzte sich. Das Sofa stand immer noch schräg im Raum. Auch der Rest des Zimmers sah aus, als hätte eine Bombe eingeschlagen: Auf dem Boden lagen Sofakissen, Bücher, der Pizzakarton und der nasse Flokati. Fast alle Möbel waren verrückt. Der offene Werkzeugkasten stand mitten im Zimmer, Hammer und Nägel lagen auf der Fensterbank.

»O Mann«, dachte Jennifer, »wenn Mama das sieht ...«

Sie begann aufzuräumen. Als sie fertig war, fühlte sie sich superheldenmüde. Sie musste so schlimm gähnen, dass sie Angst hatte, eine Kiefersperre zu bekommen. Sie kuschelte sich aufs Sofa unter ihre Bettdecke.

»Eigentlich«, dachte Jennifer, »würde ich Mama gerne von Angstmän und Pöbelmän erzählen, aber wie ich die kenne, glaubt die mir kein Wort.«

Sie stellte sich vor, wie ihre Mutter nach Hause käme und wie immer fragen würde: »Na, war was Besonderes?«

Und Jennifer würde antworten: »Und wie! Weißt du, ich hab mich hingelegt und wollte schlafen, aber dann hab ich plötzlich ein Geräusch gehört, und als ich dann in den Schrank gekuckt hab, da saß so 'n komischer Typ drin, der hatte total Angst. Deswegen hieß der auch Angstmän. Und der war auf der Flucht vor 'nem anderen Typen. Der hieß

Pöbelmän. Und der kam dann auch noch und war total dick und total brutal und hat einen Riesen-Rabatz gemacht und mir seine Popelsammlung gezeigt, und einen Popel sollte ich sogar essen, der hieß ›Stinki‹, aber dann hab ich diesem Pöbelmän gesagt, dass er sich nur so anstellt, weil er so dick ist, und dann hat er geheult. Und dann haben sich die beiden vertragen und sind zusammen auf irgendeinen Planeten geflogen, wo's keine Ecken gibt und alle gleichzeitig dick und dünn sind …«

Wahrscheinlich würde ihre Mutter sie an dieser Stelle unterbrechen, sie in den Arm nehmen und sagen: »Ach, Jennifer, du denkst dir immer Sachen aus!«

Und Jennifer würde lächeln und antworten: »Ja, ja, Mama, du hast es wirklich schwer mit mir.«

»Genau so wird es sein«, dachte Jennifer.

Und dann schlief sie ein.

P

Ich danke: Jörg Gade und dem Staatstheater Braunschweig für den Auftrag und die Uraufführung von »Angstmän«, Oliver Jaksch für die Pöbelman-Inspiration, Andrea Czesienski und dem »Henschel Schauspiel Theaterverlag« für die reizende Betreuung des kleinen Schisshasen, Tomke Friemel und dem Göttinger Angstmän-Ensemble für die fiese Popelidee, Klaus-Michael Klingsporn und Christina Schuhmann für das Hörspiel, der Filmstiftung NRW für den Hörspielpreis und Paula Peretti für das Lektorat des Buches. Vor allem danke ich der Winzeck-Bande – meinen Reallife-Pöbelmännern – für die Höllenangst, die sie mir als Kind gemacht haben und ohne die ich die Geschichte niemals hätte schreiben können.
Hartmut El Kurdi